Die Verkehrswesen

Miteinander den Kulturkampf beenden

Strößenreuther | Bukowski | Hagel

Nov. 2023

Für Wendy und Rolf

Grußwort

Auf ein Bier – Grußwort von Jan Josef Liefers

Ich stamme aus dem letzten Jahrtausend. Aus einer Zeit, in der man noch richtig gute Chancen hatte, einen Stuhl am Tisch angeboten und ein Bier ausgegeben zu bekommen, wenn man Einwände oder abweichende Ansichten äußerte und diese halbwegs begründen konnte. Man betrachtete derartige Debatten seinerzeit als hilfreich. Einerseits, um einander besser zu verstehen und andererseits, weil man wusste, dass alle Beteiligten anschließend schlauer waren als vorher. Diesem Buch hier möchte ich auch ein Bier ausgeben und einen Stuhl anbieten.

Als Hybride wechsle ich zwischen Fahrrad und Auto hin und her und kenne die heiklen Situationen, die zu unvermeidlichen Kleinkriegen führen, in denen jeder ein bisschen Recht und ein bisschen Unrecht hat. Schließlich gerinnen daraus unversöhnliche Glaubenssätze übereinander, die sich so eisern halten, wie das Eisen im Spinat, das besonders hochdosiert sein soll, was aber einer fehlerhaften Kommastelle angelastet werden muss, die lange unbeachtet blieb.

Was meinen Wohnort Berlin betrifft, bin ich innerstädtisch inzwischen fast überall schneller mit dem Rad, als mit dem Auto. Es ist einfach zu viel, was sich täglich an Ampeln, Baustellen und sonstigen Engpässen staut und an dem ich gut gelaunt vorbeifahren kann. Okay, bei Regen nicht ganz so gut gelaunt.

Aber wenn ich doch das Auto brauche, weil ich was zu transportieren habe, fallen mir die Radfahrer auf, die anarchomäßig über Kreuzungen ballern und für die an Ampeln jede Farbe freie Fahrt bedeutet.

Und in diesem spannenden Spagat über zwei auseinanderdriftenden Schollen, blättere ich nun in diesem Buch, und - nebst Stuhl und Bier - freue ich mich darauf, nach der Lektüre schlauer zu sein als davor! Ach so, ja, ich nehme ein alkoholfreies Bier, es geht schließlich um Straßenverkehr.

Berlin, im November 2023
Jan Josef Liefers

Inhaltsverzeichnis

Teil 3 Neue Drehs für festgefahrene Wege

Vorwort

Den Kulturkampf ums Auto ausbremsen?
Netter Versuch, aber keine Chance!

So ungefähr fiel die Reaktion aus, als wir Freunden, Kollegen und Bekannten anfangs von unserer Buchidee erzählten. Erst auf etwa halber Wegstrecke wurde uns selbst klar, wohin die Reise wirklich geht: zu mehr Miteinander, und das mit mehr Klartext.

Haben Sie zum Beispiel, wenn Sie über dieses Buch stolpern, auch folgenden Verdacht? Drei Typen halten sich für besonders schlau und versuchen, uns Autofahrern den linksgrünen Verkehrswende-Salat nur mit anderem Dressing unterzujubeln? Richtig. Sie haben unsere ursprüngliche Masche durchschaut.

Je mehr wir schrieben, desto klarer wurde uns, dass auch wir eigentlich nur um den heißen Brei herumredeten. Denn im Kern geht es um die Privilegien. Und das wissen wir eigentlich alle, sprechen es aber so viel zu selten, viel zu kraftlos und viel zu ängstlich aus. Vor allem seitens der Politik. Und manche Medien stilisieren diese Probleme zum Kulturkampf hoch, um Klicks im Netz zu ernten.

Im städtischen, linksgrünen Milieu ist die Forderung nach einer „Verkehrswende" das Schlagwort schlechthin. Wir beschäftigen uns in diesem Buch auch kurz damit, was häufig unter einer solchen „Wende" eigentlich verstanden wird. Wir selbst verabschieden uns aber immer mehr von diesem Begriff und sehen ihn als Teil des Problems. Wenn große Veränderungen propagiert werden, ist gesellschaftliche Polarisierung garantiert und das Miteinander bleibt auf der Strecke.

Brauchen wir wirklich eine oder die „Verkehrswende"? Der Politikwissenschaftler Thomas Biebricher beschäftigt sich mit der Rolle und dem Selbstverständnis eines zeitgemäßen Konservativismus. In einem Zeitungsinterview sagt er im Juli 2023:

„Konservativismus heißt mitunter, dass man, wenn bestimmte Dinge erhalten werden sollen, präventiv kleinere Dinge verändern muss. Um letztlich nicht am ganz großen Rad drehen zu müssen. Sozusagen als Vermeidung der Disruption."

Das beschreibt unser Verständnis recht gut. Wenn die einen das ganz große Rad drehen wollen, drücken die anderen erst recht auf die Bremse. Und anstatt weiter auf den einen großen, manchmal auch visionären Dreh zu warten, und uns darüber die Köpfe heiß zu reden, würden wir vorschlagen, lieber ganz pragmatisch an zahlreichen konkreten kleineren und größeren Schrauben zu drehen.

Entscheidend dafür ist aber, dass wir uns über Verbesserungen überhaupt verständigen können, ohne dass wir uns immer wieder im Ring gegenüberstehen und uns eine weitere Runde Kulturkampf liefern, bei der es vordergründig mal wieder gegen das Auto geht.

Im besten Fall passiert irgendwo in Deutschland auf einer Familienfeier Folgendes: Die 18-jährige klimabewegte Nichte und ihr 62-jähriger autobegeisterter Onkel unterhalten sich über das Thema – zum ersten Mal, ohne dass es kracht.

Immerhin herrscht unter uns Bürgerinnen und Bürgern, oft sogar unter Rad-, wie Autofahrern gleichermaßen Konsens, dass noch Verbesserungsbedarf besteht. Sowohl bei den jeweiligen Maßnahmen selbst, als auch bei der Art, wie diese Maßnahmen erklärt oder auch nicht erklärt werden und wie für sie geworben wird. Die schlechteste Verkehrspolitik ist immer die, die nicht nachvollziehbar ist.

Darum geht es uns: Um Verständigung, um Klartext, um ein besseres Miteinander – nicht aber um ein Verkehrsfachbuch. "Was sind denn eure Lösungen?", wurden wir mehrmals gefragt. Na, dieses Buch! Nein, im Ernst. Es gibt ausreichend Maßnahmen und Innovationen. Das lässt sich überall nachlesen. Unsere Frage lautet, warum diese Verbesserungen so langsam auf der Straße ankommen und es immer wieder denselben Streit darum gibt. Warum wir Verkehrswesen uns immer wieder in den Kulturkampf wie in einen Strudel hineinziehen lassen, den Lautsprechern den „Schulhof" überlassen.

Unsere Einladung an Sie lautet: Kommen Sie mit auf eine unterhaltsame und erhellende Entdeckungsreise durch den Verkehr, wie Sie ihn und sich selbst darin noch nicht gesehen haben.

Berlin im November 2023
Heinrich Strößenreuther, Michael Bukowski, Justus Hagel

Teil 1 – Das Auto: gehätschelt, geliebt ...

Eine Verkehrsmeldung

Über zweitausend Jahre später sind wir auch nicht weiter. Erstaunlich. Wir blicken zurück auf unglaubliche zivilisatorische Errungenschaften, auf unzählige Technologien und Innovationen. Wir sind zum Mond geflogen, haben den Staubsaugroboter erfunden, aber den Verkehr kriegen wir trotzdem nicht besser geregelt, als im alten Rom. Und „Beamte, Priester, bedeutende Bürger (...)"? Wie damals spielen auch heute bei uns Privilegien eine wichtige Rolle.

Ist das eigentlich ein Naturgesetz, dass Städte eine Art Gravitationskraft auf zu viel Verkehr ausüben? Und geht das nicht auch anders?

Frontbericht von den Straßen

Es begann mit einem Späßchen

Michael hatte in irgendeinem Social Media-Kanal etwas von „Verkehrswendy und der böse Rolf" gewitzelt. Wenig später saßen wir drei zusammen, registrierten die Website und gaben sogar eine Titelschutzanzeige auf. Unser Buch sollte zunächst den Titel „Verkehrswendy und der böse Rolf – warum uns die Grünen das Auto wegnehmen wollen" tragen.

Dass wir uns von diesem Titel recht schnell wieder verabschiedet haben, können Sie sicher nachvollziehen. Zwar war das bei vielen ein Lacher, aber die verschiedenen Meinungen von Bekannten dazu liefen alle auf dasselbe Ergebnis hinaus. Damit würden sich letztlich alle Seiten veralbert fühlen. Und den Grünen pauschal zu unterstellen, uns das Auto wegnehmen zu wollen, wäre genau die Art von sprachlicher Eskalation, gegen die wir in diesem Buch vorgehen wollen. Trotzdem lassen wir die beiden gegensätzlichen Figuren hier auftreten. Wendy und Rolf entwickelten sich zu Symbolen aller "Verkehrswesen", also aller Menschen, die am Verkehr teilnehmen. Sie repräsentierten die Vielfalt der Meinungen und Herausforderungen, denen wir im Verkehr gegenüberstehen. Wir sind gespannt, ob die beiden sich gegen Ende des Buchs besser verstehen oder sogar versöhnen können. Soviel sei aber bereits jetzt gesagt: Sie haben uns beim Denken und Schreiben immer wieder geholfen, den Frontverlauf zu verstehen und uns gezwungen, immer wieder die verschiedenen Perspektiven einzunehmen.

Denn wir sind, egal auf welcher Seite, meist mit Worten und blinden Flecken unterwegs, durch die jedes Gespräch über den Verkehr zwangsläufig verunglücken muss. Wie es dazu gekommen ist und ob es auch anders gehen kann? - Das wollen wir uns hier anschauen.

Wenn Begriffe, wie: Verkehrswende, intelligente Mobilität und Flächengerechtigkeit ins Spiel kommen, fällt bei Autofahrern schnell das Kommentar: „Aha, es geht mal wieder gegen das Auto." Aber wie kommt es, dass jegliche Überlegungen etwas an unserer Mobilität zu verändern, anscheinend automatisch als Anti-Auto-Maßnahmen übersetzt werden oder zumindest als solche empfunden werden?

Warum immer gegen das Auto? Auf dem Land wird gegen den Lärm an den Land- und Bundesstraßen protestiert. In Metropolen werden teils autofreie Innenstädte gefordert. Eine knappe Mehrheit der Bundesbürger spricht sich für ein Tempolimit auf Autobahnen aus. Immer und überall läuft es auf „weniger Auto" hinaus. Weniger oder teurere Parkplätze, „Umwidmung" von Straßen und so weiter. Bis die bösen Worte fallen, die jedes Gespräch im Keim ersticken: Verbot, Zwang und Ideologie.

Viele Autofahrer fragen sich, wie es weitergehen soll. Wollen die Leute eine Industrienation, wie Deutschland, in eine lastenradelnde Hippie-Kommune verwandeln? Den Sonnebergern im Thüringer Wald das Kreuzberger Family-Bike unterjubeln, wie ein CDU-Politiker monierte? Und was sollen überhaupt diese lebenswerten Städte sein, von denen so oft die Rede ist? Für manche Autofahrer ist eine Stadt erst dann lebenswert, wenn sie mit dem Auto problemlos überall hinfahren können. Als es in einer Großstadt kürzlich um eine Reduzierung von Parkplätzen zugunsten eines neuen Fahrradweges ging, brachte es eine autofahrende Anwohnerin wie folgt auf den Punkt: „Ihr nehmt unseren Autos ja den Lebensraum weg!" Weit verbreitet ist auch die Ansicht, dass Innenstädte mit Autoverkehr als lebendig gelten. Es wird zum Beispiel gefordert, Fußgängerzonen wieder für das Auto zu öffnen, um sie zu „beleben".

Unabhängig davon, wer gerade was fordert oder ablehnt: Kaum ein Thema erregt die Gemüter so sehr wie der Verkehr. Es scheint nicht möglich, darüber zu sprechen, ohne sich zumindest gedanklich an die Gurgel zu gehen. Talkshows titeln mit: „Der Krieg auf der Straße - wem gehört die Fläche?" Es erscheinen Bücher mit Titeln wie: „Autokorrektur" oder „Virus Auto". Was ist da eigentlich los?

Es gibt unzählige vernünftige Argumente für Verbesserungen im Verkehr. Aber allein mit guten Argumenten lässt sich ein so emotionales Thema nicht in den Griff kriegen. Im Gegenteil: Wer meint, mit der Kraft der Vernunft überzeugen zu wollen, läuft in die Sackgasse.

Verkehr ist kein Schachspiel, bei dem der bessere Intellekt gewinnt. Sowieso geht es nicht darum, dass irgendeine Seite oder irgendein Verkehrsmittel gewinnt.

Stattdessen gilt es, den Faktor „Menschliches, Allzumenschliches" zu würdigen. Denn beim Auto geht es nun einmal nicht rational zu. Bei allem hin und her zum Thema Verkehr geht es zunächst mal darum, den ganzen Konflikt und Ärger zu überblicken, tief durchzuatmen und die eigentlichen Probleme – verständnisvoll und für alle verständlich – zu klären.

Wenn wir ursprünglich fragten, warum „die Grünen uns das Auto wegnehmen wollen" – eine populistische Übersetzung, wie man sie oft liest, aber selten vom Absender so formuliert wird – dann wollen wir damit überspitzt den Kulturkampf greifbar machen. Beim Verkehr und beim Auto geht es um nicht weniger als um Lebensstile, um Identität, um Freiheit, um Selbstbestimmung, aber auch um Privilegien, die niemand gerne aufgibt. Wer das außer Acht lässt, heizt den Kulturkampf an, anstatt für bessere Mobilität zu sorgen. Und es geht auch um den Glauben, dass das Wohl Deutschlands an eine florierende Automobilindustrie gebunden ist, die ohne Privilegien in Beton und Asphalt keine Gewinne machen kann.

Was dieses Buch nicht will: Irgendwen von irgendwas überzeugen. Stattdessen möchten wir Sie einladen, die eigene Haltung zu erkennen und die der anderen zu verstehen. Außerdem erwarten Sie einige Überraschungen, wenn wir scheinbar unumstößliche Selbstverständlichkeiten unter die Lupe nehmen. Sehr gut möglich, dass Sie an der ein oder anderen Stelle plötzlich nicht mehr ganz so überzeugt von Ihrer eigenen Meinung sind – auch das wäre beabsichtigt. Es geht dabei aber nicht darum, wer hier womit im Recht wäre, sondern ob wir uns auf einen gemeinsamen Nenner einigen können. Denn damit kommen wir an der ein oder anderen Stelle besser voran als in den unüberbrückbaren, oft ermüdenden Verbalschlachten.

Und eines haben wir auf jeden Fall alle gemeinsam, egal ob Fußgänger, Rad- oder Autofahrer, ob auf dem Land oder in der Stadt: Der Verkehr nervt alle, immer wieder und zu oft.

Gestatten, Verkehrswendy & der böse Rolf
Also, wenn's um Verkehr geht, gibt's Streit. So gut wie immer

Dazu ein Beispiel:

Der Streit geht los: *Kolumbusstraße, München*

Im Juli 2023 stehen in der Münchner Kolumbusstraße statt Autos jetzt Sand-kästen, Hochbeete und Rollrasen vor der Tür. 41 Parkplätze fallen weg. Es fliegen Eier, eine Seniorin schießt von ihrem Balkon aus mit Wasserpistolen auf spielende Kinder, ein Anwohner klagt. Die hier Ansässigen mit Kindern finden's super, die mit Auto gar nicht. Die Unzufriedenen meinen, man hätte sie vorher fragen müssen, ein Zettel mit QR-Code im Hausflur kann's ja wohl nicht sein. Die verantwortlichen Planer sagen, mehr hätte man gar nicht informieren und in Ausschüsse einladen können, als sie es auf allen möglichen Kanälen andauernd taten. Dieser Fall aus München dürfte ein Paradebeispiel sein für die Konflikte in unseren Städten, die sich nicht so leicht mit Kompromissen und ein bisschen Bürgerbeteiligung be-friedigen lassen.

Die einen wollen also weniger Autos. Vor allem in den Städten. Die anderen sehen's gar nicht ein, in der Stadt, wie auf dem Land. Wenn Rolf ein Stichwort wie „Verkehrswende" hört, ist klar, was läuft: Es geht gegen sein Auto! Wenn Wendy ein dickes SUV in der Innenstadt sieht, dann geht das gegen ihre Idee einer lebens-werten Stadt. Und so weiter. Autos gegen die Anderen! Alle anderen gegen das Auto! Alle sauer! Liegt es vielleicht einfach an der Überpopulation von Autos?

Warum fällt es uns so schwer, gemeinsam vernünftig und sachlich über das Thema zu reden? Dafür gibt's Gründe – und zwar viele. Das beginnt schon damit, dass es nicht den einen Rolf und die eine Wendy gibt. Sondern, dass es so viele ver-schiedene Vorstellungen von Verkehr gibt wie Teilnehmer im Verkehr.

Sprich: Uns alle, die Verkehrswesen. Denn um Verkehr kommt keiner drum herum.

Allein wenn man vom „Auto" redet, spricht man von völlig unterschiedlichen Welten. Da ist die Krankenpflegerin, die mit ihrem 14 Jahre alten Kleinwagen zur Arbeit pendelt. Pendeln muss! Weil es anders nicht geht. Da ist der erfolgreiche Unter-nehmer, der mit seinem hochmotorisierten Sportwagen einfach mal ballern will auf der Autobahn – und zwar ohne Tempolimit, wenn's recht ist.

Nicht zu unterschätzen ist auch, wie viele Menschen in Deutschland gar kein Auto haben; darunter viele, die sich einfach keines leisten können. Oder Leute, die es inzwischen abgeschafft haben, weil man es eigentlich gar nicht mehr braucht.

Bevor wir uns mit den Gründen beschäftigen, möchten wir Ihnen unsere beiden Hauptdarsteller etwas näher vorstellen:

Unser Rolf ist natürlich keineswegs böse, sondern im Gegenteil ein netter Kerl. Er ist nur sauer, wenn ihm eine Wendy etwas erzählt, das bei ihm als autofreie Innenstadt ankommt. Und Wendy wähnt sich im Recht – gerne auch mal ein bisschen selbstgerecht.

Die urbane Lastenradlerin und City-Mieterin mit allen Angeboten von Sharing bis Stellplatz, von Bus bis Bahn, von Scooter bis Rad, versus der hochmotorisierte Eigenheimbesitzer, der aus dem Speckgürtel in die Stadt pendelt. Zwei Prototypen repräsentieren die beiden gegensätzlichen Pole, zwischen denen es ganz verschiedene, vielfältige Vorstellungen und Lebenswelten gibt.

Rolfs Mobilität

Mobilität heißt für Rolf: Neue Straßen bauen, damit es weniger Staus gibt. Marode Straßenbrücken sanieren. Autobahnen ausbauen. Mehr Parkplätze in der Stadt bauen als abbauen. Auch gerne die Parkplätze für die immer größer werdenden SUVs vergrößern (und dadurch die Menge an Parkplätzen zu verkleinern). Und: „Wir Autofahrer sind die Melkkühe der Nation!" Außerdem kommt der die Straßen entlastende Ausbau der öffentlichen Verkehrsmittel nicht voran und die Bahn ist zu voll und unpünktlich. E-Fuels, E- oder autonome Mobilität scheinen die technologieoffenen Antworten auf jede Verkehrsdebatte zu sein.

Wendys Mobilität

Mobilität heißt für Wendy: weniger Blech in der Stadt, weniger Lärm, bessere Luft und mehr Platz für die Menschen. Öffentlicher Verkehr und Radverkehr sollen selbstverständlich gestärkt werden. Auch auf dem Land sollen die Leute nicht mehr aufs Auto angewiesen sein, auch E-Mobilität ist keine Lösung für sie.

Kann man sich gegensätzlichere Positionen vorstellen? Die beiden sind sich ja schon aus stilistischen Gründen nicht grün. Für Rolf ist Wendy eine Öko-Tussi und Wendy hält Rolf für einen Auto-Macho. Es scheint, als würden Wendy und Rolf in völlig verschiedenen und miteinander unvereinbaren Welten leben.

Eine Studie bescheinigte kürzlich beiden Seiten des politischen Spektrums, die Ansichten der Gegenseite als moralisch verwerflich zu empfinden. Dabei hätten Progressive wohl eine Tendenz, den politischen Gegner noch rigoroser zu bekämpfen als Konservative.[2]

Lassen Sie uns anhand dieser Stereotypen herausfinden, ob hier wirklich kein Verständnis und keine Verständigung möglich sind. Und probieren Sie gerne selbst einmal aus, wie es sich anfühlt, wenn Sie persönliche Erlebnisse einmal aus der Wendy- und der Rolf-Perspektive betrachten.

Das kleine Fremdwörterbuch

Wie bei Rolf ankommt, was Wendy sagt

Wendy-Deutsch	Rolf-Deutsch
Flächengerechtigkeit	*weniger Auto*
Soll für alle besser werden	*weniger Auto*
Lebenswertere Stadt	*weniger Auto*
Verkehrswende	*weniger Auto*
Wendy	*will mir das Auto wegnehmen!*
Intelligente Mobilitätsinfrastruktur	*weniger Auto*
Smarter Verkehrsmix	*weniger Auto*
City-Maut	*weniger Auto*
Fahrrad-Schnellstraße	*weniger Auto*
Mehr Bus, Bahn, Rad	*weniger Auto*
Weniger Auto	*weniger Auto*

Immerhin im letzten Punkt sprechen beide die selbe Sprache – aber ohne sich deswegen zu verstehen.

Wie bei Wendy ankommt, was Rolf sagt

Rolf-Deutsch	Wendy-Deutsch
Straße ausbauen	*mehr Auto*
A100 ausbauen	*viel mehr Auto*
Staus bekämpfen	*mehr Straße, mehr Auto*
Intelligentes Mobilitätskonzept	*gleich viel Auto*
Freigabe der Busspur für E-Autos	*mehr Auto*
Umgehungsstraße	*übermorgen mehr Auto*
Nachts Ampeln für alle ausstellen	*schnellere Autos*
1. Klasse für Bus, Tram, U- & S-Bahnen	*Benachteiligung für Arme*
Park + Ride mit Parkplatzgarantie	*mehr bequem, mehr Auto*
Vorbuchung von Innenstadt-Parkplätze	*mehr bequem, mehr Auto*
Bau von Quartiersgaragen	*weniger grün, weniger Auto*
Mehr E-Ladesäulen	*mehr Autos, weniger Radständer*
Vorrang für Radfahrer aufheben	*mehr Gefahr, weniger Rad, mehr Auto*
Radwege stoppen	*mehr Gefahr, weniger Rad, mehr Auto*
Fußwege kleiner machen	*mehr Parkplätze, mehr Autos*

Wann vernünftige Argumente
unvernünftig sind

"

Das Buch „Die Verkehrswesen" ist richtig und wichtig! Ideologisierte Politik lässt den Bezug zur Realität außen vor, erstickt pragmatische, konstruktive Gestaltungspolitik und führt zu Verdruss und Missstimmung in der Bevölkerung.

Dr. Joachim Klose, Landesbeauftragter für die Bundeshauptstadt Berlin, Leiter des Politischen Bildungsforums Berlin und Leiter Grundlagenforum der Konrad-Adenauer-Stiftung e.V.

Achtung, ein wichtiger Hinweis für Rolf vorweg: Wenn hier gleich von unvernünftigen oder irrationalen Aspekten des Autos die Rede ist, dann ist das nicht abwertend gemeint, nicht einmal wertend. Die Beziehung der Deutschen zu ihrem Auto ist nun einmal eine sehr besondere. Nebenbei bemerkt, kann auch die Beziehung eines Radfahrers zu seinem Kleinwagen-teuren Hightech-Lastenrad eine sehr spezielle sein.

Jetzt zur Sache: Was heißt denn hier irrational? Nehmen wir als Beispiel eine Umfrage. Die Leute wurden gefragt, ob sie es akzeptabel finden, anderen Menschen gesundheitsschädigenden Zigarettenrauch zuzumuten. Die überwältigende Mehrheit lehnt das ab. Und wie sieht das bei Autoabgasen aus? Das fand die deutliche Mehrheit der Befragten nicht beanstandenswert. Das heißt ganz einfach, dass wir verschiedene Maßstäbe anlegen. Beim Auto tolerieren wir die gesundheitsschädliche Wirkung auf die Mitmenschen. Warum? Weil es das Auto ist!

Springen wir einmal ins vorige Jahrhundert: Als der Sicherheitsgurt verordnet wurde, war die Empörung groß. „Maximale staatliche Gängelung!", hieß es, oder „das Ende aller bürgerlichen Freiheit!" Als der Katalysator eingeführt wurde, war vom „sofortigen Untergang der deutschen Autoindustrie" die Rede, wenn nicht gar vom „Untergang des Abendlandes". Kommt Ihnen dieser Ton bekannt vor? Und damals gab es noch nicht einmal Facebook oder Twitter.

Man stelle sich vor, eine Bundesregierung würde heute versuchen müssen, dem autofahrenden Volk den Sicherheitsgurt vorzuschreiben (oder man stelle es sich lieber nicht vor).

Diese Befindlichkeiten rund um das Auto zeigen: Es ist eben bei weitem nicht nur ein Verkehrsmittel. Eine S-Bahn ist ein Verkehrsmittel. Soll zum Beispiel eine Linie ausgebaut werden, lässt sich das verhältnismäßig emotionslos angehen. Beim Auto undenkbar. Zur Zeit hört man immer wieder laute Stimmen von konservativen und liberalen Politikern: „Es kann doch nicht andauernd nur ums Lastenrad gehen!"

Aus Sicht unserer Wendy der blanke Hohn. Aus Rolfs Perspektive aber eben ein nachvollziehbares Symptom der Abwehrhaltung gegen Veränderungen, die den automobilen Lebensstil bedrohen. Je schlechter die geforderten Veränderungen vermittelt werden, umso heftiger fällt die allergische Reaktion aus. Oder mehr noch: Wenn Autos nahezu komplett aus der Innenstadt verbannt werden sollen, wie eine Volksinitiative in Berlin kürzlich forderte. Natürlich provoziert das mindestens Abwehr, wenn nicht schiere Wut. Es fühlt sich für Autofahrer nun einmal so an, als würde sich alles nur noch ums Lastenrad drehen. Das sollte so nicht sein.

Wenn also Aktivisten oder Verkehrsexperten der Auto-Nation Deutschland zig vernünftige Argumente vorbeten, warum wir eine Verkehrswende brauchen, ohne den besonderen und eben nicht rationalen Status des Autos zu berücksichtigen, dann läuft man damit gegen geschlossene Autotüren. Oft genug sind Aktivisten und Experten dann ratlos oder gerne auch mal selber wütend, weil sie gegen das Unverständnis der Autofahrer nichts ausrichten können.

Schauen wir uns nur zwei der immer wieder vorgebrachten Argumente an:

- Das Auto steht 23 von 24 Stunden am Tag nur herum und besetzt wertvollen Platz in der Stadt. Das ist korrekt, aber was folgt daraus? Deswegen verzichtet doch Rolf nicht auf sein Auto. Ist doch wunderbar, wenn der eigene Wagen jederzeit zur Verfügung bereitsteht.

- Im Auto ist meistens immer nur eine Person (im Schnitt 1,1 Personen) unterwegs. „Ja und?", fragt Rolf. „Die Privatsphäre ist doch das Schöne am eigenen Auto. My car is my castle, sogar mein Ort der täglichen Meditation, bei der selbst der Stau willkommen ist".

Wendy, du musst jetzt sehr tapfer sein: Beim Auto gelten andere Regeln als die reine Vernunft. Nur auf die Kraft vernünftiger Argumente zu setzen, ist unvernünftig. Sie perlen ab und sorgen für Unverständnis.

Mehr noch, die Notwendigkeit einer Verkehrswende zu propagieren, ist an sich schon ein Affront gegen Autofahrer. Denn wie unser kleines Sprachlexikon „Wendy-Deutsch / Rolf-Deutsch" zeigt, heißt Verkehrswende immer: „Weniger Auto" – ganz egal, wie man es formuliert. Und das ist nicht ohne weiteres vermittelbar. Wieso sollte genau mein Auto das Problem sein, fragt Rolf völlig zurecht – und blendet dabei den Blick auf 48 Millionen andere Autos aus, die Wendy im Auge hat.

Einer immer lauter geforderten grundlegenden „Wende" stehen immerhin stabile sieben Jahrzehnte der automobilen Sozialisation gegenüber. Kaum ein – nennen wir es einmal so – „Kulturgut" hat sich so tief verankert in unserem Alltag, in Filmen, im Fernsehen und im Selbstverständnis eines großen Teils der Bevölkerung. Unzählige Millionen Menschen sind hierzulande seit Mitte des letzten Jahrhunderts mit dem automobilen Versprechen von „Freie Fahrt für freie Bürger" aufgewachsen. Das in Frage zu stellen, muss ja in Zeter und Mordio enden.

Dabei ist das Auto selbst ein ziemlich widersprüchliches Ding. Zum Beispiel darf man einerseits die ingenieurstechnische Meisterleistung bestaunen, dass heutige Modelle doppelt oder dreimal so viel wiegen wie zum Beispiel ein VW Golf aus den 1970er Jahren und trotzdem nicht mehr Sprit verbrauchen. Dazu die vielen kleinen Komfort- und Bequemlichkeits-Extras, von Sitzheizung bis TV-Screen, von Kameras bis Einparkhilfen und vor allem auch neuen Sicherheitsfeatures wie Tote-Winkel- und Spurhalte-Assistenten.

Rolf, du musst jetzt sehr tapfer sein: Das Verbrenner-Auto ist, bei aller Liebe, tatsächlich ein sensationell ineffizientes Verkehrsmittel (weswegen wir es dir aber nicht wegnehmen wollen).

Der Verbrenner ist an Energieverschwendung kaum zu überbieten: Nur ein Fünftel der im Kraftstoff enthaltenen Energie kommt überhaupt auf der Straße an. Die übrigen vier Fünftel werden in Form von Wärme an die Umgebung abgegeben. Man könnte das Auto also als Umgebungsheizung betrachten, die nebenbei auch fahren kann. Der Verbrenner-Motor erhitzt sich so sehr, dass man auf dem Motorblock kochen kann. Es gibt Tipps, Tricks und Rezepte, wie man mit dem eigenen Verbrenner-Auto am besten braten kann – mit dem Motorblock als Grill.[3]

Wenig „rational" mutet auch die Autowerbung an, wobei Sinn und Zweck der Werbung überwiegend natürlich darin besteht, zu verführen und nicht zu informieren. Man sieht das Auto fast immer allein in einer Stadt voller paradiesisch leerer Straßen oder dahingleitend durch traumhafte Landschaften, ebenfalls unberührt von störendem Verkehr. Klar, die Werbung verkauft einen Traum und keine Realität. Wenn bis zu 3.500 Euro pro Auto für Werbung ausgegeben wird oder die Automobilindustrie in Deutschland bis zu zwei Milliarden in Werbung investiert, dann vertieft sich diese besondere emotionale Beziehung. Aber der erhebliche Werbedruck sorgt selbst dafür, dass der Traum der automobilen Freiheit sich immer drastischer selbst ad absurdum führt. Wegen des großen, nicht zuletzt durch Werbung befeuerten Erfolges, werden unsere Städte eben immer überfüllter und die Staus an bestimmten Stellen immer häufiger und länger. Dieses uneingelöste Versprechen erzeugt Wut, die sich umso mehr auf die Gegner, die weniger Autos fordern, oder auf die Politik entlädt. Demütigend ist der Stau auch bei Autofahrern mit hochpreisigen Modellen: Anstelle von persönlicher Souveränität diktiert einem der Verkehr, ob gefahren werden darf oder man mal wieder einen Teil seiner Lebenszeit im Stau verbringt. Das gilt immerhin für alle gleichermaßen; für den älteren Kleinwagen wie für das 100.000 Euro-Gefährt.

1990 waren in Deutschland knapp über 30 Mio. Pkw unterwegs. Heute knacken wir wohl bald die Marke von 50 Mio. Wenn Wendy darauf hinweist, dass das so nicht weitergehen kann, dann verfolgt die Bundesregierung, also aktuell die Ampelkoalition, den gegenteiligen Ansatz. Fast eintausend Kilometer Autobahn sollen neu- und ausgebaut werden. Kann also doch alles so weiter wachsen?

Heilig's Blechle
Viele Gefühle

Stellen Sie sich einmal vor, Leute würden weniger Sex fordern – nicht für sich selbst, sondern für andere. Oder sogar sexfreie Innenstädte. Oder bessere Alternativen zum Sex für alle, die auf Sex angewiesen sind. Absurd, nicht wahr? Wer käme auf die Idee, einem Menschen das Interesse an Sex vorzuwerfen? Genau, niemand. Aber genau so fühlen sich viele Autofahrer. Denn die Forschung hat gemessen, dass beim Auto das gleiche Hirnareal – nämlich das Belohnungszentrum – aktiviert wird, wie bei besagtem Sex oder einer Dosis Kokain. Es sind also sehr intensive Gefühle im Spiel, die die heftige Abwehr der Auto-Fans erst nachvollziehbar machen.[4]

Nicht zu unterschätzen sind auch die vielen, historisch verwurzelten Gefühle am und im Auto: Das große Versprechen von freier Fahrt und Freiheit. Der Führerschein und das erste eigene Auto als Symbole des Eintritts ins Erwachsenenalter. In der ehemaligen DDR 20 Jahre auf den Trabant warten und damit endlich ganz anders mobil sein. Die große Reise mit dem eigenen Auto, die neue Unabhängigkeit, das Gefühl, die Hauptrolle im eigenen „Road Movie" zu spielen. Vielleicht sogar „das erste Mal" im eigenen Auto. Nicht zu vergessen das Auto als Statussymbol, mit dem man zeigt, dass man es zu etwas gebracht hat. Und mit einem Auto gehört man halt dazu; also zur gesellschaftlichen Norm der alten Bundesrepublik seit den Zeiten des Wirtschaftswunders und des „Wir sind wieder wer". Der ADAC, der wiedervereinigten Republik, hat mittlerweile mehr Mitglieder als die katholische Kirche, wobei der Vergleich etwas hinkt, da die katholische Kirche keinen Pannen-Service anbietet. Sodann gibt es natürlich auch die Leute mit „Benzin im Blut", die sich eben für Motoren und Motorsport begeistern oder die Auto-Tuning-Szene und so weiter, ohne hier alle Facetten der automobilen Leidenschaft und Sozialisierung aufzählen zu können.

Seit etwa sieben Jahrzehnten sind zig Millionen Menschen so mit dem Auto aufgewachsen. Für viele ist dieses Modell auch heute noch selbstverständlich. Klar, dass das tief sitzt. Auch deswegen wird jede Debatte ums Auto hoch politisch, nämlich identitätspolitisch. Es geht hier um eine Bedrohung der Identität, um eine Attacke auf den „way of life". Man könnte auch sagen:

Was dem Amerikaner seine Knarre, ist dem Deutschen seine Karre.
Und das ist eine kulturell starke Bindung.

Mein Haus, mein Auto

Für Millionen Menschen in Deutschland ist das Auto außerdem untrennbar mit dem Traum vom eigenen Haus verbunden. Es ermöglicht das Leben außerhalb der Stadt im Eigenheim. Das Pendeln zur Arbeit in die Stadt wäre ohne Auto für viele schwer oder kaum möglich. Man entscheidet sich also für ein Lebensmodell, das nur mit Auto funktioniert und kaum reversibel ist. Man könnte sagen, die Leute begeben sich freiwillig in Abhängigkeit, aber das ist es ihnen eben wert, warum auch nicht?

Viele prüfen bei der Wohnort-Entscheidung nicht mal die Alternativen wie Bus, Bahn oder Rad – und kaum ist man eingezogen, hat man sich an das Auto als Standard gewöhnt. Zudem werden neue Eigenheimsiedlungen gebaut, die von vornherein gar keine andere Verkehrsanbindung vorsehen oder erst viel später damit um die Ecke kommen, wenn alle längst den Zweitwagen haben anschaffen müssen. Ein Angriff auf das Auto wird von diesen Menschen sofort und völlig zurecht als Eingriff in ihr Lebensmodell und ihre Souveränität gesehen. Und das ist ein schwer erträglicher Affront.

My car is my castle

Das eigene Auto bietet eine liebgewonnene Privatsphäre; „mein ganz persönlicher Raum", den mir kein anderes Verkehrsmittel bieten kann. Sicher nicht das Fahrrad, das gar kein Raum ist. Noch weniger die öffentlichen Bussen und Bahnen, insbesondere wenn sie eher voll statt leer sind. Und auch Sharing-Fahrzeuge aller Art ermöglichen nur eine befristete und unvollständige Privatsphäre. Mit dem eigenen Auto dagegen ist man quasi unterwegs in den eigenen vier Wänden. Natürlich ist das eine sehr reizvolle Art der Mobilität. Und darüber hinaus erweist sich so ein Pkw ja auch als sehr praktisch. Man verfügt damit über einen ausgelagerten Stauraum für allerlei Nützliches; der fahrbare Schrank für alles Mögliche, das man nicht immer braucht, aber jederzeit gerne in Griffweite dabei hat. Nicht zu vergessen natürlich der Komfort. Man hört Musik oder Hörbücher. Man kann auch noch nebenbei telefonieren (immer ordnungsgemäß mit Freisprechanlage, bitte). Im Winter läuft die Heizung unterm Hintern, um die viele Radfahrer die Autofahrer beneiden, und bei vielen läuft im Sommer auch eine Klimaanlage. So weit, so bekannt.

Dieser „Castle-" Effekt gilt übrigens ganz wortwörtlich für viele autofahrende Frauen. Denn das Auto bietet ihnen Sicherheit. Viele Frauen – ja, und auch Männer – fühlen sich zu bestimmten Zeiten in bestimmten Gegenden mit anderen Verkehrsmitteln absolut nicht sicher, was ein für unsere zivilisierte Gesellschaft inakzeptabler Missstand ist. Wenn aber Wendy daraus die Forderung nach einer „feministischen Verkehrspolitik" ableitet, rennt die eine Hälfte der Bevölkerung schreiend davon. Dabei handelt es sich bei diesem Unsicherheitsgefühl um ein partei- und geschlechtsübergreifendes Phänomen, über das kaum geredet wird, aber geredet werden sollte. Denn die Hälfte aller Menschen im Verkehr ist weiblich.

Der Stau – die schönste Zeit des Tages?!

Es kommen noch ein paar heimliche Gefühle hinzu, die unsere Wendy wahrscheinlich überraschen dürfte, wie zum Beispiel der Stau. Man meint allgemein, der Stau wäre eine sehr lästige Angelegenheit. Tatsächlich haben uns Autofahrer in vielen Gesprächen im Laufe von Jahren ihr ganz anderes Verhältnis zum Stau geschildert. Ein Autofahrer sagte, es sei für ihn die schönste Zeit des Tages, sich morgens im Berufsverkehr zu stauen. Denn dort hat man nicht mehr Kind und Kegel wie zuhause an der Backe und auch noch kein dies und das im Büro vor der Nase. Ein anderer betonte den meditativen Aspekt der zwangsweisen Entschleunigung im Verkehr, den er sehr schätzt.

Ein neues Gefühl von Privatsphäre im SUV

Dann entfaltet sich noch ein ganz neues Raumgefühl. Denn wir verzeichnen nicht nur in Deutschland einen rasanten SUV-Boom. Der Absatz dieser schweren und großen Pkw – abgesehen von SUVs in kleineren Autoklassen – stieg bis 2020 enorm und scheint seinen Scheitelpunkt erreicht zu haben. Ist das nicht ein Widerspruch? Müssten insbesondere die Autos in den Städten nicht eher kleiner werden, wenn es immer enger wird? „Im Gegenteil!", sagt ein Verkehrspsychologe. Die Leute kaufen sich nicht immer größere Autos, obwohl es immer gedränger zugeht, sondern weil es immer enger wird. Denn mit einem SUV kann man sich eben gerade in der zunehmenden Enge mehr privaten Raum sichern. Hinzu kommt das Gefühl von Sicherheit im schweren Fuhrwerk und das sprichwörtliche Hochgefühl des „man sitzt so schön hoch", denn man weiß ja, wie gefährlich der Autoverkehr ist, sodass man sich wenigstens selbst schützen kann.

Der emotionale Eisberg

Bekannte und weniger bekannte Gefühle, vor allem viele und sehr intensive: Das türmt sich zu dem emotionalen Eisberg auf, von dem manch eine Wendy, aber auch mancher Rolf, wenn überhaupt, nur die Spitze wahrnimmt. Dass gefühlt 90 Prozent der Emotionen unter der Oberfläche verborgen liegen und nur eine kleine Bewegung den ganzen Eisberg mit maximaler medialer Aufregung in Rotation versetzen kann, gehört zum „Kulturkampf" dazu.

Zudem sind sich die beiden Lager, die wir hier etwas verallgemeinernd gegenüberstellen, in der Intensität ihrer Identifikation ähnlicher, als manche meinen würden. Unsere Wendy zelebriert ihren autofreien Lebensstil und tut dies oft auch – bewusst oder unbewusst – mit einem Anspruch moralischer Überlegenheit. Das bringt unseren Rolf besonders auf die Palme. Gefühlt wird er als rückständig, minderbemittelt und dazu noch als Klima-Killer verunglimpft. Hinzu kommt, dass es kein besonderes Kunststück darstellt, in einer Innenstadt mit guten öffentlichen Verkehrsmitteln, mehr und mehr Sharing-Angeboten (von Auto über Rad, bis Scooter) und immer besser ausgebauten Radwegen, kein eigenes Auto zu benötigen. Daher rührt wohl auch der Vorwurf gegenüber den privilegierten Städtern, die fröhlich „Autos raus" fordern, ohne sich der Tragweite ihrer Forderung bewusst zu sein.

In den Städten dagegen überlegen es sich Autobesitzer oft mehr als einmal, ob sie für einen Weg das Auto nehmen, für das sie gerade einen so schönen Parkplatz gefunden hatten. Die Sorge, abends zig mal um den Block kurven zu müssen, überwiegt nicht selten. Ein Bekannter von Heinrich hat ihm einmal folgende Anekdote aus der Innenstadt erzählt: Der Mann hatte seinen Wagen ein paar Monate nicht mehr genutzt und dann völlig vergessen, wo er das Auto abgestellt hatte. Irgendwann muss er es aber doch wiedergefunden haben, denn er hat es verkauft. Das ist natürlich eine Geschichte aus der Innenstadt mit hohem Parkplatzdruck.

Dass auch das Lastenrad ein Statussymbol sein kann, unterstreicht diese Anekdote von Michael: *„Wir waren mit ein paar Leuten und Fahrrädern unterwegs, hielten irgendwo an und ich lehnte mein Rad – Typ: ‚normalstes Fahrrad der Welt' – an das wahrscheinlich sehr teure Lastenrad eines anderen. Na da war aber was los! Der Lastenradler hat ungefähr genauso reagiert, wie es ein Porsche-Fahrer tun würde, wenn ich mein olles Rad an seinem sündhaft teuren Sportwagen abstellen würde. Auch beim Lastenrad ist das Blechle wohl heilig."*

Zurück zu Rolf: Der anscheinend in die rückständige Ecke gedrängte Autofahrer entwickelt in der Opposition zu Wendy ein weiteres, intensives Gefühl: eine Art Trotzgefühl – ohne dass wir Rolf hier lächerlich machen wollen – ein Ausdruck von „Jetzt erst recht!" Je öfter man die Rufe nach „weniger Auto" hört, desto mehr mag man es mit dem Auto den ungeliebten grünen oder selbsternannten progressiven Typen zeigen.

Rolling Coal – der maximale Stinkefinger

Welche Auswüchse das annehmen kann, zeigt eine Bewegung in den USA, die hoffentlich nicht bei uns ankommen wird und die, nebenbei bemerkt, auch nicht legal ist. „Rolling Coal" nennen die Leute ihre Pick-up-Trucks und SUVs, bei denen sie sämtliche Filter ausbauen und das Treibstoff-Luft-Verhältnis im Diesel-Motor so manipulieren, dass der Wagen maximale Mengen an schwarzen Rußwolken rausbläst. Das macht man dann vorzugsweise neben E-Autos oder auch bei Fußgängern und Fahrradfahrern. Sprich, man zeigt es diesem „Öko-Völkchen aber mal so richtig", mit „jetzt erst recht"- verpesteter Luft. Man kann das als kindische Trotzreaktion sehen, so wie manche verkehrspolitische Reform stockt, weil sie von „den Anderen" kommt. In Teilen der Bevölkerung in den Vereinigten Staaten gilt das motorisierte Verbrennen von fossilen Kraftstoffen, gerne auch in unnötigen und absurden Mengen, als patriotischer und maskuliner Akt. Bei uns geht es etwas weniger drastisch zu. In Brandenburg haben zum Beispiel Autofahrer eine Methode entwickelt, die ungeliebten Rennradfahrer zu nerven. Sie stellen ihre Wasserspritzdüse so ein, dass sie damit beim Überholen dem Rennradler eine kleine Erfrischung bereiten. Sehr nett!

Die Kollision mit dem Eisberg

Also, beim Auto sind viele und starke Gefühle im Spiel; tief verankert in der deutschen Wirtschaftswundergeschichte und eng verwoben mit dem Aufstiegs- und Wohlstandsversprechen, das unser Land über mehr als ein halbes Jahrhundert prägte. Wer da „Auto eindämmend" eingreifen will, sollte gut überlegen, was man wie tut und warum. Denn ein Schiff voller vernünftiger Argumente auf einen Eisberg an Emotionen zu steuern, wird sehr wahrscheinlich zur Katastrophe werden. Um bei diesem Bild keinen falschen Eindruck zu erwecken: Es stehen sich natürlich nicht ein emotionsgeladener Rolf und eine vernunftgeleitete Wendy gegenüber. Es gibt genauso viele vernünftige Argumente für das Auto wie es hoch emotionale Aspekte an den vermeintlich progressiven Lebensstilen gibt, bei denen das edle Lastenfahrrad eben der neue Porsche ist.

Verdammte Karre

Autohass, gibt es das?

"

Trotz zunehmender Auto-Aggression, ein nachvollziehbares Gefühl bei allen (!!)
im Verkehr, sollten wir den Mittelweg finden und gemeinsam die Dinge voran-
bringen.

Prof. Dr. Stephan Rammler, Experte für Mobilitäts- und Zukunftsforschung

Hass? Ernsthaft? So etwas will doch kein Mensch, von Hass getrieben sein. Zu
lieben, wen oder was auch immer, das mögen wir alle. Aber uns zu einem so intensiven, mitunter kaum beherrschbaren und der Selbstachtung nicht gerade förder-
lichen Gefühl wie Hass treiben zu lassen, dafür muss einiges passieren. Warum
sollten Teile der Bevölkerung das Auto hassen? Woher kommt dieser Begriff? Man
könnte es ja einfach nicht mögen oder ablehnen. Aber gibt es wirklich so etwas
wie Autohass?

Schauen wir mal bei uns selbst unter die Motorhaube der Gefühle. Wir Drei
sind ganz selbstverständlich mit dem Auto aufgewachsen. Dennoch kennen wir
tatsächlich eine regelmäßig auflodernde Form von Wut aus eigenem Erleben.
Dabei geht es nicht um Hass auf das Auto, sondern um den Ärger über die Menge
an Autos – insbesondere in der Innenstadt und an überhitzten Sommertagen.
Die Überpopulation. Den Stress durch die permanente Bedrängtheit. Dazu immer
breitere, höhere, längere Autos. Und weiterhin ist kein Ende des Mengen- und
Größenwachstums in Sicht. Wenn wir von den immer größeren Autos sprechen,
möchten wir kein plumpes „SUV-Bashing" betreiben. Denn wir können nachvollziehen, dass man sich in den schweren Geräten super sicher und sensationell
komfortabel fühlt oder sie, wie viele Senioren, wegen des hohen Einstiegs schätzt.
Aber die immer größer werdenden SUVs, Pickup-Trucks, Vans, Limousinen und
was auch immer sind für gedrängegeplagte Innenstadtbewohner einfach das
Sahnehäubchen oder die Zündschnur für heftige Gefühle. Trotzdem würden wir
wirklich nicht von Hass sprechen.

Auch bei den Autofahrern kocht aus verschiedenen Gründen immer wieder die Wut hoch. Ein Grund sind die Autos selbst. Schnappt der eine Autofahrer dem anderen einen Parkplatz weg, wird es mitunter handgreiflich. Und der folgende Spruch mag etwas abgegriffen sein, aber er gilt mehr denn je: „Man steht nicht im Stau, man ist der Stau." Ist es nicht die bis zum Erbrechen wachsende Menge der Autos, die den Autos den Spaß verdirbt?

Das sehen viele Autofahrer anders. Dazu ein Beispiel aus dem Stadtverkehr: Man will rechts abbiegen, kommt aber nicht dazu, weil der Strom der geradeaus fahrenden Radler einfach nicht abreißt. Das macht wütend, nachvollziehbar. Aber was wäre denn, wenn diese ganzen Radfahrer jeweils auch alle in einem Auto säßen? Dann käme man nicht nur beim Abbiegen noch schlechter voran. Ist es also wirklich der Radverkehr, auf den man hier aus dem Auto heraus wütend wird?

Dazu ein Gedankenspiel: Stellen Sie sich eine deutsche Großstadt vor, in der es überhaupt keinen Verkehr außer dem Autoverkehr gäbe. Die Menge der Pkw würde trotzdem – wie bei uns in der Realität – konstant um ein Prozent pro Jahr wachsen. Zusätzlich werden die Autos natürlich auch hier immer größer. Man kann sich das wie bei einem grausamen Experiment mit Ratten in einem Käfig vorstellen: Legt man stündlich einen Stein in den Käfig, wird es irgendwann so eng darin, dass sich die Ratten gegenseitig zerfleischen. Wie sähe in unserem Auto-Rattenkäfig also eine gute Verkehrspolitik aus, die die Überpopulation eindämmen würde? Gegen wen würde sich die Wut richten? Wie würden sich die Autofahrer organisieren, um das Flächen- und Stau-Problem zu beheben? Wie sähen die BILD-Schlagzeilen aus? „Schon wieder geht's wegen der vielen Autos gegen das Auto! Skandal!" Müsste man den platzsparenden Verkehr mit Rad und Bus nicht herbeisehnen?

Womit wir beim Thema wären, denn eine Art von „Autohass" gibt es definitiv – nämlich die Kulturkampf-Inszenierung der einschlägig dafür bekannten Boulevardmedien, Publizisten und Talkshow-Moderatoren. Wenn es irgendwie um Verkehrsfragen geht, wenn irgendwo ein Parkplatz wegfällt, wenn irgendwer die Verkehrswende fordert, folgen wie auf Knopfdruck die bekannten Schlagzeilen, die den Autohass beschwören. Der maximal polemische und polarisierende Kampfbegriff garantiert Klicks und Aufmerksamkeit.

Aber auch unabhängig vom medialen Krawall wirken Verkehrsaktivisten auf Autofahrer oft hasserfüllt. In ihrer Sprache und Attitüde schwingt manchmal unterschwellig die Wut über die ausbleibenden Veränderungen mit. Während sich Rolf aus seiner Sicht die Reizwörter und rigorosen Forderungen wie „Verkehrswende" und „weniger Autos" einfach nicht anders als mit Autohass erklären kann, verzweifelt Wendy aus ihrer Sicht an der Sturheit der Autofahrer, sich gegenüber jeder Veränderung, jedem guten Argument zu verweigern. So schaukelt sich der Ärger über die jeweilige Gegenseite in die Höhe, bringt uns gegeneinander auf und vergiftet die Debatten.

Vielleicht können wir diese Wutgefühle, die kein Mensch braucht, allein dadurch schon etwas lindern, indem wir sie auf beiden Seiten anerkennen und uns vor Augen führen, dass niemand grundlos oder mit bösem Willen anderen gegenüber so agiert. Und dass kein Mensch wirklich hassen möchte, ob das Auto oder was auch immer. Wie wäre es, wenn sich Wendy und Rolf zusammensetzen und klar aussprechen, dass sie wirklich stinksauer aufeinander sind? Oder auf die Verkehrspolitik, die doch den Job hat, uns ein gutes Zusammenleben zu ermöglichen? Das wäre doch schon mal eine wesentliche Gemeinsamkeit, von der aus man über die Ursachen für die jeweilige Wut sprechen könnte, ohne sich gegenseitig mit „Autohasserin!" und „Autofetischist!" zu traktieren.

Das Auto bremst sich selbst aus

Jetzt zu einem Phänomen, das sich mit schöner Regelmäßigkeit ereignet: Jeden Werktag versammeln sich morgens in Deutschland Millionen von Auto-Aktivisten auf Autobahnen und Straßen in den Städten, um gemeinsam den Verkehr lahmzulegen.

Das war – Sie haben es natürlich bemerkt – ein kleiner Scherz. Es ist nun mal der Autoverkehr selbst, der dem Autoverkehr das Leben schwer macht. Auch wenn viele Autofahrer den Stau als eine meditative Bereicherung empfinden: Die meisten würden wohl gut auf den zähen Berufsverkehr verzichten können.

Aber die Menge an Autos wächst kontinuierlich, in Deutschland um ein Prozent pro Jahr. In Berlin zum Beispiel sind inzwischen über 1,2 Mio Pkw unterwegs. Seit 2016 tummeln sich hier zusätzliche 64.000 Autos.

Der Länge nach aneinandergereiht, entspricht das 320 Kilometern. Im gleichen Zeitraum wurden aber nur 110 Kilometer Radwege errichtet. Diese Radwege sind der mediale Aufreger und bieten die Munition im Kulturkampf um den öffentlichen Raum, nicht aber die 320 Kilometer zusätzlicher Parkdruck auf Kosten von Fußgängern, Radfahrern und Bus- und Bahn-Gästen, die ohnmächtig zuschauen, wie sich eine Art quasi „invasiv" auf Kosten anderer ausbreitet.

Die Ampelkoalition setzt auf den Autobahnausbau – außerhalb der Städte scheint es dafür Raum genug zu geben. 144 Autobahnprojekte sieht die Regierung vor. Nun mag Rolf nachfragen, wo da das Problem wäre. „Bauen wir neue Straßen, kurbeln wie die Konjunktur an, entlasten wir den Autoverkehr!" Richtig, so machen wir das auch seit Jahrzehnten – Ende nicht absehbar. Oder doch?

Eine alte Verkehrsweisheit besagt: „Wer Straßen säht, wird Verkehr ernten." Aber diese Ernte wird zunehmend zur Last, wozu wir gleich kommen. Und ihretwegen fordern immer mehr Wendys in Stadt und Land eine oder die „Verkehrswende".

Mehr Straßen führen zu mehr Verkehr

Angenommen, Sie wären ein Verkehrsplaner und stünden vor einer zu oft über-füllten Autobahn (siehe Schaubild). Was würden Sie tun? Die Autobahn um eine neue Spur erweitern? Richtig – bringt aber nur kurz- bis mittelfristig Entlastung. Langfristig führt der Ausbau dagegen zu immer mehr Verkehr – ein seit Jahr-zehnten bekanntes Phänomen, das unserer Intuition widerspricht. Ein größerer Kühlschrank füllt sich nicht automatisch mit mehr Lebensmitteln. Aber Straßen produzieren ihren eigenen Verkehr und füllen sich selbst, mittel- bis langfristig. In der Verkehrsforschung spricht man hier von „induziertem Verkehr". Und wie kommt's?

Der induzierte Verkehr entspricht dem volkswirtschaftlichen Prinzip von Angebot und Nachfrage. Fast so alt wie dieses Gesetz, ist die Erkenntnis, dass die Menschen circa 80 Minuten für durchschnittlich drei Wege am Tag für die Fortbewegung aufwenden. Als Pferdekutschen das Hauptverkehrsmittel waren, kam man damit nicht allzu weit. In den 1970ern lag die zurückgelegte Strecke innerhalb dieser 80 Minuten bereits zwischen 20 und 30 Kilometern. Heute legt ein Mensch im Schnitt 40 Kilometer pro Tag zurück. Die Angebot- und Nachfrage-Rechnung knüpft also an die Geschwindigkeit der Fortbewegung an.

Je besser das Angebot, also die Infrastruktur, je schneller das Auto oder der Zug, desto mehr Kilometer passen in die 80 Minuten Mobilität pro Tag. Die durch Geschwindigkeitserhöhung eingesparte Zeit wird demnach nicht gewonnen, sondern für längere Distanzen genutzt. Diese zusätzlichen Streckenkilometer werden dann als induzierter Verkehr definiert, mit zusätzlichen Stauwirkungen an anderen Stellen und in Summe mehr CO_2-Ausstoß als vorher.

One more lane will (not) fix it

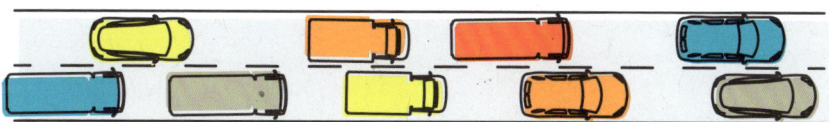

60er Jahre
Zweispurige Autobahn, vollgestaut: „Mit einer zusätzlichen Spur geht's weiter!"

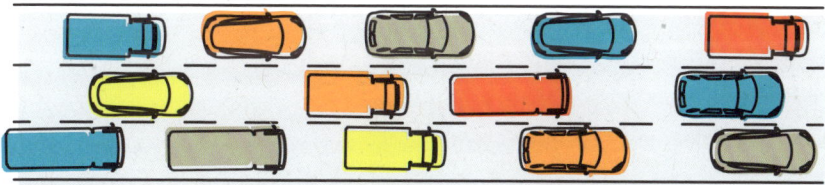

70er Jahre
Dreispurige Autobahn, vollgestaut: „Mit einer zusätzlichen Spur geht's weiter!"

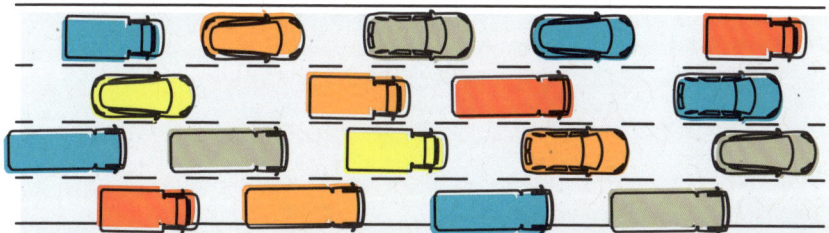

80er Jahre
Vierspurige Autobahn, vollgestaut: „Mit einer zusätzlichen Spur geht's weiter!"

Der Flaschenhals zwischen Stadt und Land

Ähnlich verhält es sich beim Pendelverkehr vom Umland in die Städte. Auch hier kann man die Autobahnen und Schnellstraßen hin zur Stadt beliebig ausbauen, ohne damit etwas kurz- oder langfristig zu erreichen. Es scheitert schließlich am Flaschenhals (siehe Schaubild).

Der Engpass liegt beim Eintritt in die Stadt, wo eben keine Häuser und Gebäude beiseite geschoben werden können, um dem Verkehr Platz zu verschaffen. Genau dort staut es sich auf, weniger dagegen in den Städten. Trotz des kontinuierlichen Wachstums der Menge an Pkw in den Städten geht dort die Menge an zurückgelegten Auto-Kilometern in der Innenstadt zurück. Die Staus erzeugen dagegen die in die Städte pendelnden Fahrzeuge des induzierten Verkehrs, sprich: „Wer Straßen säht, wird Autoverkehr und Stau ernten."

In der überfüllten Stadt zeigt sich dabei das Problem, dass die Fläche der Verkehrswege und Parkplätze nicht mit der Menge an Fahrzeugen mitwachsen kann. Hier wird zunehmend das Auto zum größten Hindernis des Autos – nicht etwa das Fahrrad oder andere Verkehrsmittel. Jeder Autofahrer, der umsteigt, stellt eine Verbesserung für alle übrigen Autofahrer dar und sorgt für weniger Stau, Stress und Parkplatzsorgen. Oder stellen Sie sich umgekehrt einmal Folgendes vor: Zum Beispiel in Berlin würde eine Anti-Wende-Politik dazu führen, dass Radwege rück- und nicht ausgebaut werden. Fahrradfahrer würden dann wieder aufs Auto umsteigen. Das wäre für alle Beteiligten ein Desaster.

Jobs, Autos und Wirtschaftswunde

Ein häufig geäußerter Einwand lautet: Den Autoverkehr einzudämmen, würde zur Deindustrialisierung Deutschlands beitragen. Es handelt sich schließlich um unsere Schlüsselindustrie, an der 800.000 Arbeitsplätze hängen und die hier beschädigt wird. Es drohen Wohlstandsverluste. Klingt plausibel, aber wie so oft nur auf den ersten Blick.

Ebenso wie die gesamte Wirtschaft steht auch die deutsche Autoindustrie in diesem Jahr 2023 nicht gut da. Noch sprudeln Milliardengewinne – aber aus dem Geschäftsmodell der vergangenen Jahrzehnte. Stattdessen brechen die Umsätze in den USA und vor allem in China ein. Deren E-Autos boomen und hier haben die deutschen Autobauer aktuell das Nachsehen. Chinesische Startups drängen dagegen mit beeindruckenden Zuwachszahlen auf den europäischen und deutschen Markt, eine Wirtschaftswunde für Deutschland, in einer der Schlüsselbranchen der deutschen Industrie.

Nun könnte man eben anmerken, dass der gewünschte „weniger Autoverkehr" einen zusätzlichen Sargnagel für unsere Autoindustrie darstellt. Immerhin tummeln sich doch knapp 50 Mio. Pkw auf unseren Straßen und das Wachstum der Menge an Autos steigt seit Jahrzehnten verlässlich an. Nur ist der heimische Absatzmarkt für die global aufgestellten deutschen Autobauer allein viel zu klein, als dass sich hier vor Ort deren Schicksal entscheiden würde.

Deutschland ist natürlich auch ein wichtiger Markt und dient der Autoindustrie als eine Art Showroom mit Autobahn-Abschnitten ohne Tempolimit, die sogar Raser-Touristen anziehen. Ein Milliardär aus Tschechien dürfte mit über 400 km/h auf der A2 wohl einen Rekord hingelegt haben. Jedenfalls, Rolf genießt seinen SUV wie fast alle Besitzer von Oberklassen-Autos als Dienstwagen – hochsubventioniert vom Staat, also von uns allen. Man kann insgesamt – hier ohne Wertung – von einer Art „Staatsvertrag" zwischen der bestens vernetzten Autoindustrie und allen deutschen Regierungen sprechen, der sich im Zuge des Wohlstandsmotors „Auto" ausgebildet hat.

Der Chef eines deutschen Autozulieferer-Konzerns hat uns seine Sichtweise geschildert. Glauben Sie uns bitte, dass wir das folgende Zitat nicht erfunden haben. Sie können sicher nachvollziehen, dass der Mann namentlich nicht genannt werden will, der sagt:

„Wir müssen den Anwendungsbereich des Autos neu definieren. Das Auto ist nicht gebaut, um Innenstädte damit zu verstopfen. Und auch nicht, um damit Wege von unter 10 km abzudecken. Das Auto ist dann von bedeutender Rolle, wenn es dem Transport von sperrigen Dingen dient, eine ÖPNV-Anbindung nicht wirtschaftlich ist oder man zwischen ländlichen Ortschaften pendeln muss. Dass sich unsere Infrastruktur der Städte an diese Rolle anpasst und sich die Wege automatisch verlängern, ist ein ernstzunehmendes Problem."

Vielleicht erholt sich die deutsche Autoindustrie, vielleicht erfindet sie sich neu. Wir werden sehen. Aber wenn selbst Auto-Manager den Wildwuchs der Menge an Autos kritisieren, sollte uns das zu denken geben. Brauchen wir nicht viel eher Ingenieursgeist für neue Produkte und Technologien anstelle einer Fixierung auf Absatzzahlen des altehrwürdigen Pkw?

Verkehrswende? Was ist das eigentlich?

> Wer die Verkehrswende hierzulande will, muss die Bevölkerung mitnehmen und nicht schimpfend mit dem Finger auf Autofahrer, Radfahrer oder Zufußgehende zeigen. Es tut gut, über eine neue Sprache, einen neuen Angang, über das Verbindende zu lesen.
>
> Stefan Heimlich, Vorsitzender ACE Auto Club Europa e. V.

> Schuldzuweisungen helfen beim Bewältigen der Verkehrswende nicht weiter. Wir müssen klimafaire, bezahlbare und sichere Optionen für sämtliche Verkehrsmittel und damit auch alle Verkehrsteilnehmer schaffen. Wichtig ist, dabei keine Technologie auszuschließen, sondern das Potenzial aller nachhaltigen Antriebsformen zu nutzen.
>
> Geschäftsführers Holger Küster, Geschäftsführer ACV Automobil-Club Verkehr e.V.

Aus diesen Gründen werden die Forderungen nach einer oder der Verkehrswende immer lauter. Für Rolf klingt „Wende" so, als sollte hier von heute auf morgen plötzlich alles anders laufen, in etwa à la „ab jetzt wird hier gefälligst Fahrrad gefahren und nicht mehr Auto." Also Revolution oder große Transformation? Muss es gleich das große Kaliber sein? Vielleicht brauchen wir statt einer Revolution namens „Verkehrswende" einfach Reformen – hin zu effizienteren Verkehrssystemen.

Aber kommen wir zur entscheidenden Frage. Was soll denn überhaupt gewendet werden – außer einer Wende zu weniger Autos – und warum? Es kursieren verschiedene Definitionen von Verkehrswende. Eine Gleichung lautet zum Beispiel „Verkehrswende = Mobilitätswende + Energiewende im Verkehr". Leichter fassen lässt sich dagegen, was eine Verkehrswende nicht ist: nämlich eine reine Antriebswende. Würden wir die bald 50 Mio. Pkw durch 50 Mio. E-Autos ersetzen, die mit Strom aus erneuerbaren Energien fahren, hätten wir damit zwar den größten Brocken bei der Dekarbonisierung des Verkehrs abgehakt, stünden aber genauso im Stau.

Für die Verkehrsprobleme in der Stadt, aber auch insgesamt, wollen wir das hier nicht zu akademisch werden lassen und bringen es mal ganz simpel auf den Punkt: Eines der Ziele lautet tatsächlich, den individuellen Pkw-Umstieg zu ermöglichen, andere Wahlmöglichkeiten der Mobilität attraktiv zu machen – und vielleicht auch mal ein bisschen nachzuhelfen wider die Gewohnheiten. Lassen Sie uns doch, statt weniger Autos zu fordern, lieber andere Möglichkeiten reizvoller machen.

Die Gründe für die Wende-Forderungen sind keineswegs – wie so oft polemisiert wird – nur ideologischer Natur oder lassen sich allein aus dem Klimaschutz ableiten. Tatsächlich geht es auch darum, öffentliche Flächen effizienter zu nutzen, damit der Verkehr besser fließt oder weniger gesundheitsschädlich ist. Um diese Ziele zu erreichen, müssen auch Flächen umgewidmet werden. Und ja, „Umwidmung" heißt in den Städten tatsächlich „weniger Autos und weniger Autoflächen".

Achtung, Ideologie-Warnung!

Der Ideologie-Vorwurf ist aus keiner Polit-Talkshow oder medialen Debatte wegzudenken. Es handelt sich um ein Ritual, das fast so etabliert ist wie eine Begrüßung. Nur dass man sich hier keinen guten, sondern einen schlechten Tag wünscht. Warum eigentlich? Wir haben mal bei uns selbst nachgesehen und müssen zugeben, dass wir dieses Buch durchaus aus weltanschaulichen Motiven schreiben. Die „Weltanschauung" ist die neutrale, kleine Schwester der abwertenden „Ideologie". Falls Sie das nicht schon getan haben, können Sie uns natürlich auch Ideologie unterstellen – eine beim Verkehr besonders ausgeprägte Tradition, da sich Wendy und Rolf, bzw. Politiker aller Parteien gegenseitig grundsätzlich Ideologie unterstellen. Ob das dann noch irgendwas aussagt, sei mal dahingestellt. Möglicherweise – wir lehnen uns hier mal weit aus dem Fenster – wird's auch langsam mal ein bisschen albern mit diesem andauernden Ideologie-Geplapper.

Damit sind wir wieder beim kritischen Punkt, an dem sich Forderer und Gegner der Wende in die Haare kommen (müssen). Der Streit ist vorprogrammiert, weil man hier aus zwei völlig verschiedenen Sichtweisen aneinander vorbeiredet. Es stehen sich gegenüber: die persönliche Perspektive eines Autofahrers. Dessen Entscheidung für das Auto ist in der Regel gut nachvollziehbar oder in vielen Fällen mangels anderer Optionen auch gar nicht vermeidbar. Auf der anderen Seite blicken Verkehrsexperten aus der Vogelperspektive auf die Situation. Und von dort aus sieht man eben die kollektive Überpopulation des zunehmend aus dem Ruder laufenden Verkehrs; wesentlich durch den starken Zuwachs an Pkw, die auch noch immer länger und breiter werden. Die Asymmetrie in der Wahrnehmung ergibt sich aus dem Effekt, dass die Summe der individuell sinnvollen Entscheidungen (also knapp 50 Millionen Einzelentscheidungen für das eigene Auto) eben zu gesamtgesellschaftlich nicht mehr wünschenswerten Entwicklungen führen. Die einen sehen (nur) das eigene Lenkrad, die anderen (nur) das große Ganze.

Hallo Wendy, trotz aller guten Gründe für eine Wende bleibt meine persönliche Entscheidung für mein Auto meine Sache – das zu akzeptieren würde mir das Gespräch mit dir erleichtern. Grüße, Rolf

Hallo Rolf, trotz deiner nachvollziehbaren Gründe für dein Auto bleibt mein Wunsch nach einer autoärmeren Stadt mehr als berechtigt, denn in der Stadt leiden wir mehr unter dem Verkehr als Ihr in den Häusern im Grünen. Grüße, Wendy

Dieses ungebremste Wuchern, über Jahrzehnte von den meisten gewollt, verkehrt sich heute in verschiedener Hinsicht ins unerwünschte Gegenteil. Hier liegt einer der Gründe für die Notwendigkeit von Verbesserungen – und für eine Schubumkehr für die weitere Verkehrspolitik. Auf die anderen kommen wir in den folgenden Kapiteln zu sprechen.

Aber da das Auto in Deutschland eine besondere Rolle spielt, fahren wir damit weiterhin mit Vollgas auf einem Weg, den man auch als „Pfadabhängigkeit" bezeichnet. Mehr Autos führen zu mehr Straßen, führen zu mehr Autos, führen zu mehr Straßen und so weiter und so weiter. Andere europäische Länder sind da schon ganz anders abgebogen. Aber um uns das zugute zu halten: Die haben es etwas leichter als wir. Das heißt, die Beharrungskräfte sind dort nicht so stark ausgeprägt wie bei uns, da die Automobilindustrie dort keine so große Rolle spielt. Sich von einer Erfolgsgeschichte abzuwenden – auch wenn diese Geschichte sich zunehmend selbst ausbremst – fällt immer sehr schwer.

Achtung, Untergang!

Wir hatten schon den Sicherheitsgurt und den Katalysator erwähnt. In beiden Fällen wurde bei der Einführung der Untergang der Freiheit oder der deutschen Automobilindustrie beschworen. Beides blieb aus. Eine zeitgenössische Reaktion auf eine Verkehrswende-Forderung fällt selbstverständlich in dieselbe Kerbe: Untergang der Autoindustrie und kompletter Wohlstandsverlust ganz Deutschlands. Nun ja, gesellschaftliche Veränderungen lassen sich selten ohne ein gewisses Knirschen im Getriebe vollziehen. Sie gehen mit Unsicherheiten einher. Das erzeugt Angst und löst zum Beispiel Untergangsbeschwörungen aus, die sich rational meist schnell ausräumen lassen, aber eben nicht emotional.

Inzwischen haben wir aber in Stadt wie Land ein Optimum erreicht oder wahrscheinlich schon längst überschritten. Mehr Autos helfen keinem, wenn die Kosten des Wucherns den Nutzen für uns alle überwiegen. Der weitere Ausbau der automobilen Infrastruktur, das ungebremste „weiter so" des verkehrspolitischen Konsens des letzten Jahrhunderts, wendet sich von einem Wohlstandsmotor zu einer Wohlstandsbremse. Auch daher rühren die immer zahlreicheren und lauteren Rufe nach einer Wende.

Das Prinzip dieser Verkehrswende wollen wir hier einmal ganz salopp so fassen, wie es uns am besten verständlich erscheint. Sehen Sie es bitte nur als einen Vorschlag ohne Anspruch auf Allgemeingültigkeit. Der entscheidende Punkt lautet: „weniger Auto". Das heißt nicht, dass irgendjemand unserem Rolf persönlich sein Auto verbieten will. Im Gegenteil soll es andere und bessere Möglichkeiten geben, unterwegs zu sein. Je mehr Rolfs umsteigen, desto besser für alle – sowohl für die verbleibenden Autofahrer, als auch für die Nutzer aller anderen Verkehrsmittel. Nicht zuletzt sollte niemand mehr auf ein Auto angewiesen sein müssen. Und jeder, der weiterhin Auto fahren will, soll das auch können.

Fahren und fahren lassen ... Doch, wie so wunderbar in diesem Buch beschrieben, ist unsere Verkehrssituation sehr komplex. Ich bin davon überzeugt, wenn alle reflektieren, worum es wirklich geht (mehr Lebensqualität) und alle gegenseitig Rücksicht nehmen, bewältigen wir die Herausforderungen des notwendigen Umweltschutzes.
Tanja Mutschischk, Unternehmerin und stellvertretende Vorsitzende des
CDU-Kreisverbands Potsdam

Wieso hat die Politik in den letzten 30 Jahren nur so wenig versucht, was zu ändern? Ich fühle mich ein wenig wie bei der Titanic, das Leck ist da! Momentan tanzen viele jedoch nur und spielen die Geige!
Wiebke Winter, CDU-Bundesvorstand, KlimaUnion Bundesvorstand,
stellvertretende Vorsitzende der Bremer CDU-Bürgschaftsfraktion

Rette sich, wer kann:
Frauen und Kinder zuerst?

Mensch und Stadtverkehr

"

Wir wollen endlich die Perspektiven berücksichtigen, die bislang zu wenig gehört wurden: Von Kindern und Jugendlichen, älteren Menschen, ungeschützten Verkehrsteilnehmer. Sie wollen sicher, in Freiheit und selbstständig unterwegs sein - und dafür werden wir den Platz auf den Straßen gerechter verteilen.

Swantje Michaelsen, Bundestagsabgeordnete, Co-Vorsitzende des Parlamentskreises Fahrrad, Mitglied in den Ausschüssen Verkehr, Klima und Energie sowie Wohnen, Stadtentwicklung, Bauwesen und Kommunen

Wer einmal in Peking oder Jakarta war, dem wird eine Autofahrt in Stuttgart oder Frankfurt wie ein Kindergeburtstag vorkommen. Klar, es geht auch noch schlimmer. Das heißt aber nicht, dass wir deswegen die Zustände bei uns hinnehmen müssen.

Denn: Was für ein Stress in der Stadt! Und damit meinen wir nicht nur, dass mal wieder recht viel Verkehr unterwegs und alles ziemlich laut und hektisch ist. Der Stress entsteht auch durch die Bedrohung, die die Verkehrsteilnehmer für andere darstellen. Kein Autofahrer will anderen schaden – und muss daher immer auf der Hut sein. Mit dem Auto sorgt sich jeder, einen Radler umzunieten. Vor allem, wenn der so fährt, dass er es aus Sicht des Autofahrers fast darauf anzulegen scheint. Als Radfahrer muss man sowieso immer hellwach sein, um nicht unter irgendwelche Räder zu kommen. Senioren haben Angst, auf dem Bürgersteig von einem E-Tretroller umgebrettert zu werden. Kinder werden sowieso besser im Auto von Mama und Papa verstaut. Und so weiter. Unser Stadtverkehr ist halt gefährlich. Und Gefahr erzeugt Stress und Adrenalin. Und das ist auf Dauer nicht gesund.

Helmpflicht im Auto

Fragt man nah am Auto gebaute Verkehrspolitiker nach den wichtigsten Maßnahmen für mehr Sicherheit beim Radfahren, bekommt man gutgemeinte Vorschläge zu hören wie: mehr Reflektoren tragen, mehr Helme oder gar eine Helmpflicht, Kennzeichen und strengere Bußgelder für Radfahrer. Aber löst das irgendein Problem?

Die sollen sich nur schützen, dann passiert weniger, zum Beispiel Helme tragen. Studien haben inzwischen nachgewiesen, dass Autofahrer dann noch enger überholen. Tatsächlich sterben viereinhalb Mal mehr Autofahrer mit Kopfverletzungen als Radfahrer, aber über die Helmpflicht im Auto spricht keiner.

Auch das martialische Aussehen der Autos schreckt manche vom Radfahren ab. In Folge gewöhnen sich Autofahrer an weniger Radverkehr, die Unfallzahlen steigen, die Spirale dreht sich weiter. Mehr Helme, weniger Fahrrad, relativ mehr Unfälle. Bei wachsendem Radverkehr dagegen gehen die Unfallzahlen relativ zurück. Dieser Effekt wird in der Wissenschaft „safety by numbers" genannt, also Sicherheit durch Anzahl. Nach der Einführung einer Helmpflicht in Australien wurde weniger Rad gefahren mit der nicht beabsichtigten Folge, dass dann auch relativ gesehen die Unfallzahlen wieder stiegen. „Don't touch the helmet!" – mag man gerne jedem Politiker zurufen.

Hinzu kommen die bekannten Faktoren: der Lärm und die schlechte Luft. Dazu gibt es haufenweise Untersuchungen und Zahlen. Die Luft wird zwar langsam besser, aber immer noch sterben jährlich zig tausend Menschen in Europa und Deutschland vorzeitig an den Folgen der Luftverschmutzung in Verbindung mit Feinstaub, Stickstoffdioxid und bodennahem Ozon.[5] Die gesundheitsschädigende Wirkung von Lärm wird weitgehend unterschätzt. Und ein weiteres Phänomen bleibt ebenfalls meist unter dem Radar der öffentlichen Wahrnehmung.

83 Mio. Versuchskaninchen

Wir alle nehmen, ob wir wollen oder nicht, als Probanden an einem Feldexperiment mit ungewissem Ausgang teil. Die Reifen von Fahrzeugen – vom Bobby-Car bis zum Lkw – erzeugen Reifenabrieb. Das heißt: Mikroplastikpartikel. Auto- und andere Reifen tragen zu rund zwei Dritteln zum Mikroplastik bei. Die winzigen Partikel wurden inzwischen überall nachgewiesen: im Boden, in der Luft, im Wasser, in Nahrungsmitteln, in Kindern, in der Plazenta schwangerer Frauen und in der Muttermilch stillender Frauen.

Wie problematisch ist das? Man weiß es nicht. Noch nicht. Wissenschaftler haben Indizien dafür entdeckt, dass Mikroplastik in Körpern von Tieren und Menschen Entzündungen fördern könnte, aber noch ist nichts exakt ermittelt. Fest steht nur, dass wir alle jeden Tag Mikroplastik trinken, essen und atmen. Das gilt für alle, in der Stadt wie auf dem Land. Ob uns das bekommt, werden wir sehen.

Man könnte mit etwas Zynismus feststellen, dass es sich hierbei immerhin insofern um ein demokratisches Experiment handelt, als dass wir uns alle gemeinsam – egal ob arm oder reich – dem nicht entziehen können; ganz im Gegensatz zur höchst ungerechten Verteilung der Lärm- und Luftbelastung, auf die wir gleich zu sprechen kommen. Wir Autoren würden auf dieses Experiment jedenfalls gerne verzichten. Eindämmen könnte man es nur mit weniger gefahrenen Kilometern, also weniger Verkehr.

Wer hat, dem wird gegeben – und umgekehrt

Wer wenig hat, muss auch mehr einstecken, lautet die Devise in unseren Städten. Während Pendler Zuhause im Umland die frische Landluft genießen, müssen vor allem die weniger begüterten Städter und auch Landbewohner, die sich Wohnungen oft nur noch an den Hauptverkehrs- und Ausfallstraßen leisten können, den Lärm und die schlechte Luft aushalten. Dafür bezahlen sie mit einer geringeren Lebenserwartung.[6] Aus deren Sicht verhält es sich in etwa so, als würde jemand, der im Grünen wohnt, seinen Lärm und seine Abgase in ihrem Wohnzimmer deponieren. Das klingt anklagend, ist aber leider Fakt. Und fair ist das nicht. Auch steckt dahinter keine böse Absicht. Aber der Verkehr regelt es eben so. Deswegen werden auch die Rufe nach einer City-Maut, nach Parkraumbewirtschaftung oder autofreien Wohnquartieren lauter.

All das – Stress, Lärm, Luft und Lasten – nimmt Rolf aus dem Auto heraus nicht wahr. Abgesehen von den unmittelbaren Verkehrsopfern sind das eben mittelbare Kollateralschäden, die sich unserer Wahrnehmung entziehen. Wir haben hier Korrelationen und Statistiken, keine direkte Kausalität der „einzelnen Tat". Damit tut sich unser Verstand von Natur aus schwer. Wenn ein Mensch, an dem ein Auto oder Lastwagen vorbeidieselt, auf der Stelle an den Abgasen sterben würde, sähe das anders aus.

Schauen wir uns das Rauchen nochmal an. Am passiven Zigarettenqualm wird ja auch mittelbar gestorben und nicht an Ort und Stelle. Trotzdem haben wir als Gesellschaft vor geraumer Zeit entschieden, das zu beenden. Es ist wohl doch eher eine Frage der gesellschaftlichen Prioritätensetzung als der nüchternen Zusammenhänge. Aber heute sind eben immer mehr Leute, vor allem in den Innenstädten, nicht mehr einverstanden damit, Kollateralschäden in Kauf nehmen zu müssen, auch die des Autos nicht.

Schlechte Luft im Verkehr, dicke Luft in der Diskussion

Das Thema „schlechte Luft" sorgt zudem oft für schlechte Luft beim Streit rund um den Verkehr. Ein Beispiel: Justus saß kürzlich draußen auf einer Kneipenterrasse in einer ruhigen Seitenstraße. Kommt ein Pkw vorbei, wendet in der Einfahrt neben der Terrasse und fährt weiter. Zurück lässt das Auto seine Abgase. Da es windstill war, sitzen rund 30 Leute auf der Terrasse minutenlang in einer satten Dieselwolke. Wahrscheinlich wird uns so etwas in absehbarer Zeit so absurd vorkommen, wie im Restaurant, im Zug oder im Kino zu rauchen, was vor nicht allzu langer Zeit noch üblich war.

Aber noch ist es eben Realität und die führt zu Streitereien mit Schieflage, wenn Wendy Rolf das „Herumdieseln" vorwirft. Oder wenn Rolf den Eindruck hat, dass er persönlich angegriffen wird. Er tut das weder absichtlich, noch dürfte es ihm angenehm sein und er wünscht sich sicherlich, ohne schlechtes Gewissen unterwegs sein zu können. Ein Bekannter von Heinrich hatte sich zum Beispiel eigens ein emissionsarmes Auto gekauft. Dann kam der Abgasskandal und der Mann fühlte sich betrogen und von der Politik im Stich gelassen.

Wir können Einzelnen schlecht persönlich das vorwerfen, was wir als Gesellschaft befördern. Wenn wir starke Anreize für den Pkw setzen oder diesen sogar unverzichtbar machen, können wir nicht im Gegenzug dem einzelnen Autofahrer vorwerfen, dass er die Luft verpestet. Was wir gesellschaftlich verbocken, müssen wir auch gesellschaftlich verhandeln.

Doch wenn Wendy das an die Politik adressiert, landet es trotzdem als persönlicher Angriff bei Rolf. Denn es geht ja um eine Einschränkung seiner Freiheit, wenn zum Beispiel Fahrverbote in der Innenstadt wegen Luftverschmutzung gefordert werden. Dieser Vorwurf „über Bande" ist ein wesentlicher Anlass dafür, dass Streitereien über den Verkehr persönlich werden und regelmäßig in ganz dicker Luft enden. Und in dem kurzfristig schwer lösbaren Dilemma münden, dass Verbesserungen für die einen, nur mit Verschlechterungen für die anderen zu haben sind. Immerhin bahnt sich die langfristige Lösung an, dass der motorisierte Kraftverkehr kontinuierlich emissionsärmer wird.

Frauen und Autos

Wir hatten schon erwähnt, dass sich manche Frauen und andere Bevölkerungsgruppen für ein Auto entscheiden, weil sie sich damit sicherer fühlen. Damit ist nicht nur die Sicherheit eines modernen Pkw mit Knautschzone und Assistenzsystemen gemeint, sondern der geschützte Raum, den das Auto bietet, weil man sich als Frau zu bestimmten Zeiten und Orten weder wohl noch sicher fühlt. Nachts in öffentlichen Verkehrsmitteln, zu Fuß in Unterführungen, schlecht beleuchteten Plätzen, im dunklen Park – es drohen Belästigungen oder Schlimmeres.

Das Auto ist außerdem für viele Eltern und Alleinerziehende, letztere überwiegend Frauen, unverzichtbar, um den ganzen Kind- und Kegel-Alltag zu absolvieren. Und das Streckenprofil ist im Gegensatz zum Pendeln kein von A nach B Verkehr, wie zum Job. Es entstehen hier Wege mit vielen Etappen, um möglichst viel zu erledigen und nebenbei auch noch den Einkauf. Ein weiterer Fall von „Alternativlosigkeit des Autos", die man beheben möchte.

„Frau am Steuer..." und die Crash-Test-Dummies

Die Jüngeren werden den folgenden Spruch wohl nicht mehr kennen: „Frau am Steuer, das wird teuer." Es sprach soeben der Autopatriarch aus den 1950er Jahren. Das Auto galt als Männerdomäne und die Frau als zu minderbemittelt dafür – mal ganz abgesehen davon, dass sie sich eh um den Haushalt und die Kinder zu kümmern hatte. Das hat sich heute deutlich zum Besseren geändert, auch wenn die Frau immer noch öfter auf dem Beifahrersitz sitzt als der Mann. Aber die 1950er Jahre sind noch nicht komplett ausgestorben und pflanzen sich weiter fort.

Nehmen wir den kürzlich aufgebrandeten „Skandal" der „gegenderten Crash-Test-Dummies". Was das jetzt sein soll, fragen Sie? Genau, der Reihe nach: Verkehrsforscher haben ermittelt, dass die Versuchspuppen in Unfallexperimenten mit Autos dem durchschnittlichen männlichen Körperbau entsprechen. Das hat Folgen. Die Sicherheitsarchitektur moderner Autos ist optimal auf den Mann zugeschnitten, nicht auf Frauen (und kleinere Männer). Das Ergebnis: Für Frauen (und kleinere Männer) besteht ein deutlich höheres Risiko, sich bei Unfällen schwerer zu verletzen als für den durchschnittlichen Mann.

Aus dieser Tatsache folgten Forderungen, die Frauen besser in der Unfallforschung zu berücksichtigen. Das Ergebnis: Die üblichen Verdächtigen aus einem bestimmten Spektrum in Medien und Politik konterten die Forderungen mit Vorwürfen, dass jetzt sogar schon die Crash-Test-Dummies gegendert werden sollen. Man mag vom Gendern halten, was man will, aber wir reden hier nicht von irgendwelchen sprachlichen Marotten, sondern von Verletzungen bei Unfällen, die Frauen (und kleinere Männer) schwerer betreffen. Hier das Gender-Fass aufzumachen, ist wohlwollend formuliert wenig charmant. Unser persönlicher Vorschlag für „Auto-Männer" dieses Kalibers: Sprechen Sie darüber mal mit Ihrer Frau oder Freundinnen und Kolleginnen.

Kinder im Stadtverkehr

Warum bringen so viele Eltern ihre Kinder mit dem Auto zur Schule? Weil es vor der Schule zu gefährlich ist für die Kinder – wegen der vielen Autos vor der Schule. Man kann die Eltern nur zu gut verstehen, die aber durch ihre Fürsorge unfreiwillig die Ursache für diese Fürsorge etablieren.

Dürfen unsere Städte für Kinder außerhalb des Autos so gefährlich sein, dass wir ihnen die Freiheit nehmen, sich selbstbestimmt zu bewegen? Wäre das nicht eine zivilisierte Welt, in der alle und insbesondere die Kleinsten ohne Angst und sicher unterwegs sein könnten? Was würde das an Elterntaxi-Fahrten oder Zweit- und Drittwagen einsparen? Zudem haben es Kinder, die überwiegend von ihren Eltern im Auto kutschiert werden, schwerer, eigene „Mobilitätsfähigkeiten" zu entwickeln. Eigenständig mit dem Fahrrad, zu Fuß oder mit Öffentlichen unterwegs zu sein ist hilfreich, um selbstständig zu werden und das Verkehrsgeschehen besser zu verstehen. Dafür müssen sie natürlich sicher unterwegs sein können.

Man kann darüber streiten, wer darunter eigentlich was versteht, aber halten Sie den aktuellen Zustand unseres Verkehrs für eine zivilisierte Angelegenheit? Wir nicht. Es mag naiv und absehbar nicht realistisch klingen, aber wenn wir unseren Verkehr so gestalten würden, dass Kinder in unseren Städten alleine und sicher zu Fuß oder mit dem Fahrrad in die Schule kommen könnten, dann wären auch die meisten anderen Probleme gelöst.

Männer im Verkehr... Mann, Mann, Mann!

Bei afrikanischen Elefanten in der Savanne läuft das so: Männliche Jungtiere werden ab einem bestimmten Alter im Laufe der Pubertät zu aggressiv. Sie stören den Frieden in der Herde. Deswegen greift die Chefin durch, die Leitkuh. Sie schmeißt die nervenden Jungbullen einfach aus der Herde raus und fertig, aus.

Bei uns dagegen läuft das so: Männliche Jungtiere können sich mit mehreren hundert PS starken Autos bewaffnen und damit durch die Stadt (die Herde) ballern. Dabei überschätzen sie erwartungsgemäß ihre eigenen Fähigkeiten, mit diesen Geschossen umgehen zu können und ignorieren die Gefahren für Leib und Leben anderer. Das Ergebnis: Tote und Verletzte.

Immerhin hat sich die Lage in den letzten Jahren gebessert. Die Justiz greift hier stärker durch. Wegen der Raserei und der Autorennen mit Todesfolgen wurde 2016 den ersten Tätern dieses Russisch Roulette der Prozess gemacht. Inhalt der Anklage: Mord! Noch besser wäre es, diese Morde gar nicht erst zuzulassen.

Aber nicht nur die übermotorisierten Jungs rasten aus. Nicht dass Frauen grundsätzlich Unschuldslämmer wären, aber das klassische Rasen, Lichthupen, Drängeln auf der Autobahn, ist weitgehend eine Männerdomäne. Und wir Herren sind hinterm Lenkrad insgesamt verhaltensauffälliger. Wir sind weit häufiger an Unfällen beteiligt, sammeln mehr Punkte in Flensburg, müssen öfter „den Lappen" abgeben, tragen häufiger die Hauptschuld an Unfällen und werden öfter mit Promille am Steuer erwischt. Die Anzahl der Getöteten pro eine Million Einwohner betrug im Jahr 2014 bei den Frauen 21, bei den Männern 63.[7] Wenn die Autos immer mehr PS unter der Haube haben, wird dieses Verhalten noch verstärkt. Und wir haben noch nicht einmal von den extra-krachlauten, getunten, häufig nicht mehr legal-betriebenen Muscle-Cars gesprochen, bei denen selten eine Frau am Steuer sitzt.

Zudem geht es nicht nur darum, wie aggressiv ein Verkehrsteilnehmer von sich aus ist, sondern womit er unterwegs ist. Studien haben ermittelt, dass SUV-Fahrer rücksichtsloser und aggressiver unterwegs sind als alle anderen. Das gilt allerdings auch geschlechterübergreifend.

Die Auto-Mutation

Stellen Sie sich vor, Sie steigen in einen Bus oder eine Straßenbahn. Ein Teil der Insassen ist mit Messern, Knüppeln und Streitäxten bewaffnet. Sie richten die Waffen drohend auf die Unbewaffneten. Die Ansage ist klar: Jederzeit könnten sie zuschlagen. Eigenartig, oder? Beim Auto praktizieren wir das genau so.

Wir kennen Dominanzverhalten aus der Natur. Ein zähnefletschender Wolf, der ein rangniederes Tier zurechtweist. Schimpansen, die ihre Stellung mit Drohgebärden festigen. Und wir Menschen machen das mit unseren Autos. Die Verwandtschaft lässt grüßen. Autos mit bösartig blickenden Raubtieraugen, mit weit aufgerissen Mäulern; jederzeit bereit, zuzubeißen. *„Manche Autos wirken wie eine geladene Waffe - die hoffentlich nie benutzt wird"*, sagt der Dresdner Verkehrspsychologe Bernhard Schlag.[8] (spiegel online)

Seit den 2000er Jahren geht der Trend verstärkt zum aggressiven Antlitz. Nicht nur bei Premiummarken und der Oberklasse. Während früher nur Sportwagen wie Haifische aussahen, kommen heute selbst Kleinwagen nicht mehr niedlich, sondern böse daher. Aber warum?

Dazu noch ein Zitat aus spiegel online: *„Audis Kleinwagen A1 hat in diesem Jahr ein grimmigeres Gesicht bekommen. Der Kühlergrill weist sechs statt vier Ecken auf, dazu vermitteln scharfe Schnitte und Luftschlitze eine Angriffslust, die dem zuvor sanfter gezeichneten Wagen fremd war. ‚Zu feminim' habe das alte Modell auf die Volkswagen-Konzernherren in Wolfsburg und Salzburg gewirkt (...). Auch deshalb habe Audi später den Designchef ersetzt."*

Nochmal: Aber warum? *„Grundsätzlich wirken da archaische Muster"*, sagt der Pforzheimer Designprofessor Lutz Fügener. *„Der Fahrer fletscht die Zähne durch das Design. Das brauchen manche schwache Charaktere."* (spiegel online) Das mag sein. Aber sind die Millionen Käufer von Aggro-Autos allesamt schwache Charaktere? Schwer vorstellbar. Mal abgesehen davon, dass zu klären wäre, was genau ein schwacher Charakter sein soll.

Wir haben keine Antwort auf die Frage. Es gibt zahlreiche Artikel, die beschreiben, mit welchen Mitteln die Auto-Designer arbeiten, um Autos wie gefährliche Raubtiere und SUVs wie echte Monster aussehen zu lassen. Die Leute wollen das. Wirklich? Die Monster verkaufen sich gut, das ist doch der Beleg. Aber haben die Leute denn eine Wahl? Will man sich ein SUV einer deutschen Premium-Marke zulegen, kommt man um das aggressive Design kaum herum. Gäbe es Alternativen, würden sich vielleicht weit weniger Autofahrer für ein Monster entscheiden.

Fest steht, dass unsere Wendy das entsetzlich findet; die pure Provokation für sie. Wogegen Rolf bei *spiegel online* ein paar interessante Argumente findet, welche Vorteile das aggressive Design haben könnte. Wir zitieren noch einmal: *„Den größten Nutzwert hat ein fies dreinblickendes Auto beim Überholvorgang. Der Fahrer sieht einen Gesichtsausdruck im Rückspiegel, der ihn Platz machen lässt"*, sagt Fügener. So verstärken manche Autos die Hierarchie im Straßenverkehr.

Auch in der Stadt erzielen furchteinflößende Autos die gewünschte Wirkung. Nähert sich ein solches Fahrzeug, weichen Fußgänger schneller zurück, hat Psychologe Schlag beobachtet. *„Der Fahrer fordert offensiv Rücksichtnahme ein. Schon Kinder verstehen das."* Radfahrer fahren demnach oft vorsichtiger, wenn ein Wagen mit Fratze herankommt - und fühlen sich womöglich provoziert.

Solange Autofahrer mit ihren Wagen lediglich drohen, ergeben sich allerdings auch Vorteile. „Wenn alle die Signale verstehen, ist ein geregeltes System aus Über- und Unterordnung möglich", sagt Schlag. „Dieses habe indes diktatorische Züge. Und sobald Fahrer ihre vermeintliche Überlegenheit durch eine offensive Fahrweise auslebten, werde der Verkehr tatsächlich unfriedlicher."

Jedenfalls, Frauen, Kinder, Männer, Gesundheit, Fairness: Das waren eine Reihe weiterer Gründe dafür, warum sich viele Menschen Verbesserungen wünschen. Wir haben noch mehr davon.

Viele Regeln im Detail,
kein Plan fürs große Ganze

Zu langsam? Zu schnell? Unsere Mobilität verändern wir nur gemeinsam, mit guten Angeboten und der Reduktion schädlicher Belastungen: Sachlich und empathisch zu argumentieren ist absolut notwendig, damit die notwendigen Veränderungen stattfinden.

Ascan Egerer, Beigeordneter (Dezernent) für Mobilität der Stadt Köln

Verkehr kann man sich wie den Blutkreislauf in unserem Körper vorstellen. Dies und das muss regelmäßig von hier nach da transportiert werden. Unser Organismus schafft das ganz ohne eine Straßenverkehrsordnung (StVO) und es ist auch kein Fall bekannt, dass ein Blitzer ein rotes Blutkörperchen mit zu hoher Geschwindigkeit erwischt hätte. Wenn der Körper aber permanent immer mehr Blut produzieren würde, müsste das bordeigene Kreislaufministerium darauf mit Gefäßerweiterung reagieren. Die Gefäße sind aber nicht unbegrenzt ausbaubar. Am Ende stünde der Herzinfarkt.

Die oberste Regel über allem fehlt

Wir dagegen produzieren – anscheinend – immer mehr Verkehr mit immer mehr Fahrzeugen. Das soll auch so sein. Denn das Wirtschaftswachstum kommt natürlich auch auf der Straße an. Dieses erwünschte Wachstum führt im Verkehr zum weniger wünschenswerten großen Wuchern bei den Mengen an Fahrzeugen. Das merken wir alle. Aber was passiert, wenn das passiert, was passieren soll? Dafür haben wir keinen Plan. Es passiert einfach – und es wuchert so lange, bis sich der Nutzen immer häufiger in Schaden verkehrt. Denn der Wildwuchs lässt auch die negativen Folgen anwachsen, zum Beispiel die steigenden volkswirtschaftlichen Kosten durch immer mehr Staus oder die enormen Summen, die der ungebremste und trotzdem langfristig nicht entlastende Autobahnausbau erfordert. In Jakarta zum Beispiel verhängt man ein Fahrverbot an geraden Tagen für Autos mit gerader letzter Zahl auf dem Nummernschild und umgekehrt an ungeraden Tagen. Das Ergebnis: Immer mehr Haushalte legen sich einen Zweitwagen zu. Das bringt also rein gar nichts und riecht zudem streng nach „Dirigismus" und „Ökodiktatur". Einen solchen Eingriff in die persönliche Bewegungsfreiheit dürfte wohl eine überwältigende Mehrheit der Bevölkerung bei uns entschieden ablehnen.

Aber wie kriegen wir dann die Überpopulation in den Griff? Anscheinend hat das große Wuchern vielmehr uns im Griff, zunehmend im Würgegriff. Dabei können wir uns über einen Mangel an Regeln eigentlich nicht beklagen. Das Schimpfen auf überbordende Bürokratie ist schließlich Volkssport, und wohl auch nicht ganz unberechtigt. Und in den Städten kämpfen wir uns durch einen regelrechten Verkehrsschilder-Dschungel. Sind wir im großen Ganzen unter- und im Detail überreguliert? Schauen wir uns einmal das Regelwerk an.

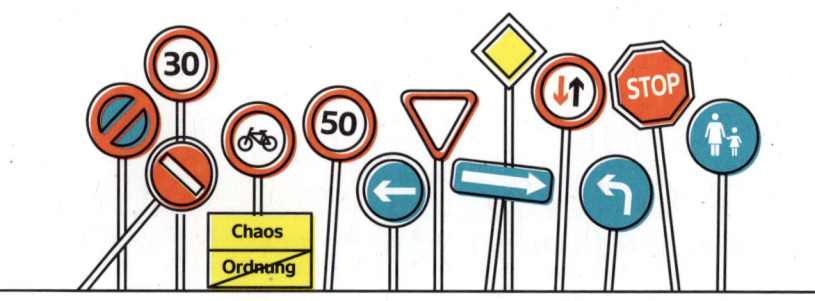

Die Straßenverkehrsordnung (StVO) – gut gedacht, aber was wird draus gemacht? Mal kurz in zweiter Reihe oder mal länger in einem Kreuzungsbereich parken? Naja, kleine Ordnungswidrigkeit. Es droht im schlimmsten Fall ein Knöllchen. Das Problem: Falschparken gefährdet andere Verkehrsteilnehmer, stört den Verkehrsfluss, sorgt für Staus und behindert mitunter Einsatzfahrzeuge im Rettungs- oder Löschdienst. Es kommt immer wieder vor, dass Rettungskräfte nicht rechtzeitig in Lebensgefahr schwebende Menschen versorgen konnten, weil die Feuerwehrzufahrt zugeparkt war.

Bekannt ist der Vergleich mit den Menschen, die in Deutschland wegen wiederholten Schwarzfahrens und Nicht-Begleichens des erhöhten Beförderungsentgelts in öffentlichen Verkehrsmitteln im Gefängnis sitzen. Sind das nicht schräge Verhältnismäßigkeiten? Wie wäre es damit: „Jemandem mit einem Fausthieb ins Gesicht die Nase brechen = Knöllchen, macht 15 Euro" versus „wiederholt Altglas in der gelben Tonne entsorgen = ab ins Gefängnis"?

Achtung, Verbotskultur!

Geht's um Regeln, ist das Verbot nicht weit. Wenn jemand etwas verbieten will – zack! – erntet er Zentral-Alarm. Wenn jemand Zentralalarm will, also Aufmerksamkeit, setzt er auf den Vorwurf „Verbotskultur". Was hat es überhaupt mit diesen Verboten auf sich? Zum Beispiel das hier: Wenn wir Luftverschmutzung durch Verbrennermotoren erlauben, greifen wir damit bei Innenstadtbewohnern in ihr Recht auf körperliche Unversehrtheit ein. Wenn man den Einen das Rauchen im Restaurant verbietet, erlaubt man es den Anderen aufzuatmen. Verbot und Erlaubnis verhalten sich wie kommunizierende Röhren. Man kann den Spaß beliebig weiterdrehen. „Wie bitte, die Liberalen wollen weiterhin das Tempolimit verbieten?! Verbotskultur!" Und bei manchen Politikern oder Medienleuten in den TV-Talkshows bekommt man den Eindruck, sie wollen am liebsten Verbote verbieten. Aber was wäre, wenn es gar keine Verbote oder Regeln mehr gäbe? Oder stehen sich einfach nur linksdrehende gegen rechtsdrehende Verbotskulturen gegenüber? Dann heißt es oft: Statt auf Verbote lieber auf Anreize setzen. Unbedingt! Aber ein starker Anreiz für eine Sache X ähnelt schon sehr einem Verbot einer Alternative Y zur Sache X. Es kommt nur in freundlicherer Aufmachung und häufig mit teurerer Rechnung für die Steuerzahler daher. Bei den ganzen hitzigen Debatten über Verbote wird zumindest uns Dreien manchmal ziemlich „verbotig" zumute.

Es gibt diesen heute etwas altmodisch klingenden Begriff des „Kavaliersdelikts". Das Wort wird inzwischen selten benutzt, aber es wird immer noch nach diesem Prinzip gehandelt. Wie beim Beispiel „Zweite-Reihe-Parken" werden die Gefährdung oder die Wiederholung aber nicht mehr als Bagatelle behandelt und zunehmend angemessen geahndet. Das heißt: Ein Regelwerk wie unsere Straßenverkehrsordnung mag auf dem Papier gut aussehen, in der Praxis hängt es aber oft davon ab, wie die Regeln ausgelegt und umgesetzt werden. Für die Raser wurde dagegen ein eigener Paragraph ergänzt. Illegale Autorennen werden inzwischen nach „§ 315d StGb Verbotene Kraftfahrzeugrennen" als Straftat behandelt, was früher nicht der Fall war.

Wie viel Verkehr wir nicht regeln – willkommen im wilden Westen

Neben einer oft beklagten „Regelwut" lassen wir erstaunlich viele Entwicklungen mehr oder weniger unreguliert von der Leine. Zum Beispiel fluten Sharing-Anbieter unsere Städte mit E-Tretrollern, „Sharing-Bikes" oder „Floating Cars". Wie viele? Das wissen oder wussten manche Kommunen oft gar nicht. Die Anbieter wollten ihre Zahlen nicht nennen. Wir lassen also zu, dass auf öffentlichem Raum Geschäftsmodelle ausgerollt werden, von denen keiner weiß, ob sie mehr schaden oder nützen. Wie viele Roller verkraften denn unsere Städte? Haben sie eine be- oder entlastende Wirkung auf den Verkehr? Keine Ahnung! Studien werden das demnächst noch zeigen.

Für den E-Tretroller gibt es natürlich Regeln. Es darf damit zum Beispiel nicht auf Bürgersteigen gefahren werden. Dass die Nutzer sich daran nicht halten, dürfte vorher schon klar gewesen sein. Mindestens aus der Sicht der Senioren, für die auf den Bürgersteigen schon genug Trubel ist, sind die E-Tretroller ein echter Albtraum. Wir wollen die Dinger hier nicht bewerten, sondern nur erstaunt festhalten, was wir einfach so planlos laufen lassen oder ließen.

Paketlieferdienste – das „unlautere" Geschäftsmodell

Der Online-Handel boomt, der Einzelhandel geht in die Knie, Innenstädte veröden: das Ergebnis der Tatsache, dass Paket-Kuriere in zweiter Reihe oder auf Fuß- und Radwegen halten. Würden sie sich für jede Lieferung einen regulären Parkplatz suchen müssen, gäbe es diese Branche nicht. Und das dürfte es eigentlich auch nicht, da das Halten in zweiter Reihe nicht zulässig ist und schon gar nicht Basis eines Geschäftsmodells sein dürfte. Aber es wird systematisch und vorsätzlich toleriert. Sprich: Die StVO wird ignoriert – zugunsten einer milliardenschweren Branche. Man kann das jetzt beklagen oder genießen (so bequem!). Interessant ist, dass über das Thema in der Öffentlichkeit niemand ein Wort verliert, im Gegensatz zum lautstark beklagten Niedergang des Einzelhandels.

Allerdings ist das Phänomen schon deutlich älter. Es begann mit der sich motorisie- renden Post. Schon damals konnte man die Verkehrs- und Sicherheitsregeln nicht einhalten. Politisch wurde dem aber nie entgegengewirkt, sodass die Lieferdienste keine Probleme zu befürchten hatten.

Tempolimit-Verbot für Kommunen

Eine interessante regulatorische Idee haben aktuell unsere Städte und Gemeinden. Sie möchten selbst entscheiden können, ob sie flächendeckend Tempo 30 oder 50 festlegen. Der Städtetag (3.000 kreisfreie und kreisangehörige Städte und Gemeinden) und inzwischen über 800 Bürgermeister aller Parteien forderten das 2023.[9] Das verweigert ihnen aber jemand, der hier am längeren Hebel sitzt: Der Bundesverkehrsminister. Dessen Argument: Es müssten auch die Interessen Durchreisender berücksichtigt werden.

Angenommen, Sie wären oberster Schiedsrichter in Deutschland für gesellschaftliche Interessenskonflikte: Wie würden Sie in diesem Fall urteilen? Vorrang für die Stadtbewohner und deren Lebensqualität oder möglichst zügige Fahrt für den Durchgangsverkehr? Noch einfacher formuliert: Vorrang für die Menschen, die vor Ort leben, oder für den Verkehr, der dort durchfährt?

Wie auch immer: Manches scheint überreguliert, vieles wird so gut wie gar nicht geregelt, wieder andere Bereiche sind gar nicht so einfach zu regeln. Damit wir alle besser vorankommen können, möchten wir mal folgende These wagen:
Neue Regeln braucht das Land!

Deutschland hält nicht Wort

Klima und Verkehr

Deutschland verstößt gegen seine eigenen Gesetze und Verpflichtungen. Inter-national hat sich unser Land zur Einhaltung des Pariser Klimaabkommens – auch 1,5-Grad-Ziel genannt – verpflichtet, mit dem eine Begrenzung der Erderhitzung auf möglichst 1,5 Grad erreicht werden soll. 195 Staaten haben dieses Abkommen im Jahr 2015 in Paris unterzeichnet. Inzwischen glaubt weltweit eigentlich kaum noch wer, dass das Ziel noch eingehalten werden kann.

Auf nationaler Ebene hat das Kabinett der Ampelkoalition im Sommer 2023 Schritte unternommen, um die sogenannten Sektorziele im deutschen Klima-schutzgesetz abzuschaffen. Das heißt, dass die einzelnen Bereiche wie Verkehr, Gebäude, Energie und andere nicht mehr verbindlich ihre CO_2-Reduktionsziele einhalten müssen, sondern untereinander kompensieren können.

Nun ist das mit dem Klimaschutz natürlich nicht so einfach. Die viertgrößte Volks-wirtschaft der Welt auf Klimaneutralität umzurüsten, ist ein Kraftakt. Bei dieser Anstrengung gibt es allerdings auch viel zu gewinnen wie zum Beispiel Wohl-standssicherung durch Unabhängigkeit von fossilen Energien. Für den Wohlstand von morgen könnten wir dafür sorgen, dass nicht weiter Dutzende Milliarden Euro für Kohle, Öl und Gas aus Deutschland abfließen, sondern im Land verbleiben. Aber kaum jemand würde mit unserer Regierung tauschen wollen, diesen Ritt zu absolvieren; insbesondere in einem wohlstandsverwöhnten Land, wo – angeblich – niemandem etwas zugemutet werden darf. Tatsächlich besagen Umfragen, dass die Deutschen durchaus bereit wären, sich etwas zumuten zu lassen, solange es nachvollziehbar vermittelt wird, alle betrifft und es dabei fair zugeht.

Aber möchten wir einmal ganz naiv einwenden: Wir müssen uns doch an unsere eigenen Gesetze und Verpflichtungen halten. Wozu sind die denn sonst da? Als unverbindlicher Serviervorschlag? Und was bedeutet das – abgesehen vom Klima – für Deutschlands guten Ruf in der Welt? Die Reputation bei Verlässlichkeit und Investitionssicherheit ist doch nicht nur ein weicher Faktor, ein „nice to have", sondern relevant für unsere weltweiten Handelsbeziehungen, den heimischen Wirtschaftsstandort und für Innovationen in dekarbonisierte Verfahren, Produktionsprozesse und Produkte von morgen. Den Status als Vorreiternation haben wir heute mit unserer schlechten Klimabilanz längst verspielt.

Dieser gute Ruf hat schon schwer Schaden genommen. Es war eine US-amerikanische Verkehrsorganisation, die den Abgas-Betrug der deutschen Auto-Industrie aufgedeckt hat. Angeblich und gut vorstellbar, konnten die Amerikaner ihre Messwerte anfangs nicht glauben. „Die Deutschen betrügen beim Abgas?" Undenkbar! Aber wahr. Es lässt sich statistisch wohl schwer belegen, aber man darf annehmen, dass der Abgas-Skandal den Absatz der deutschen Autobauer im Ausland eher nicht gefördert und dem Renommee unserer Auto-Bauer einen heftigen Dämpfer zugefügt hat.

Zurück zum heimischen Verkehrssektor: Der ist neben dem Gebäudesektor in Sachen Klimaschutz das Schmuddelkind unter den Sektoren. Seit 1990 sind die CO_2-Emissionen hier nicht gesunken. Aber im Gegensatz zum Gebäudebereich könnten im Verkehr theoretisch ohne nennenswerten Aufwand zig Millionen Tonnen CO_2 eingespart werden – theoretisch. Weil wir dafür praktisch eine heilige Kuh schlachten müssten, indem wir zum Beispiel das Tempolimit einführen.

Übrigens, Rolf: Die Mehrheit der Deutschen spricht sich für das Tempolimit auf Autobahnen aus. Und hast du eigentlich mal erlebt, wie entspannt alle mit Tempolimit unterwegs sind? Wie krass der Bruch ist, von der gechillten Autobahn im Ausland in den eigentlich unnötigen Nervenkitzel auf deutsche Rennpisten zu wechseln?

Sorry, Wendy: Erstmal ist nur eine knappe Mehrheit für das Tempolimit. Außerdem gibt es eh nicht mehr viele Strecken ohne Limit. Warum wollt Ihr den Leuten noch den letzten Spaß verderben?

Das sind schlechte Nachrichten fürs Klima. Nein, Korrektur: nicht fürs Klima, sondern für unsere wortwörtlich, wie im übertragenen Sinne, in Flammen stehende Welt. Also schlechte Nachrichten für unseren Wohlstand, unsere Sicherheit und unsere Wirtschaft. Denn Klimaschutz erfordert Investitionen, die sich rechnen, schon jetzt der Normalfall bei Solar- und Windenergie. Kein Klimaschutz dagegen führt Jahr für Jahr mehr in den Ruin und in die internationale Bedeutungslosigkeit.

Deswegen brauchen wir dringend den nationalen Kraftakt im Verkehr:
Weg von der Verbrennung fossiler Rohstoffe, hin zu sauberen Antriebsformen.
Das ist zweifelsfrei machbar – man muss es nur wollen.

Achtung, „aber die anderen ...!"

Wenn es um Klimaschutz geht, hört man oft den Verweis auf die anderen: „Wieso wir?", „Aber in China!", „Wieso nicht die Inder?" Eine etwas scherzhaft gemeinte Gegenfrage: Wenn Ihre Nachbarn die Wohnung nicht mehr sauber machen, lassen Sie deswegen Ihre eigene Wohnung auch verdrecken? Aber im Ernst: Wenn wir in Deutschland in Sachen Klimaschutz vorankommen, schaut man da weltweit hin. Nicht unseretwegen, sondern weil die Welt grundsätzlich sehr genau hinsieht, was sich in den größten Volkswirtschaften auf diesem Planeten tut. Wären wir heute die Klimaschutzweltmeister, die wir einmal sein wollten, würde das ein starkes Signal in die Welt senden: „Wenn das ein so großer und so sehr fossil angetriebener Supertanker wie Deutschland schafft, schaffen wir das auch! Und wenn man mit der Unabhängigkeit von fossilen Rohstoffen sogar die heimische Wertschöpfung stärkt, dann machen wir das auch!" (Einmal ganz zu schweigen von unserer historischen Verantwortung als einer der fünf global größten Verursacher von CO_2-Emissionen, die über Jahrzehnte in der Erdatmosphäre verbleiben und unser Klima erhitzen.)

Alle sauer, oder was?

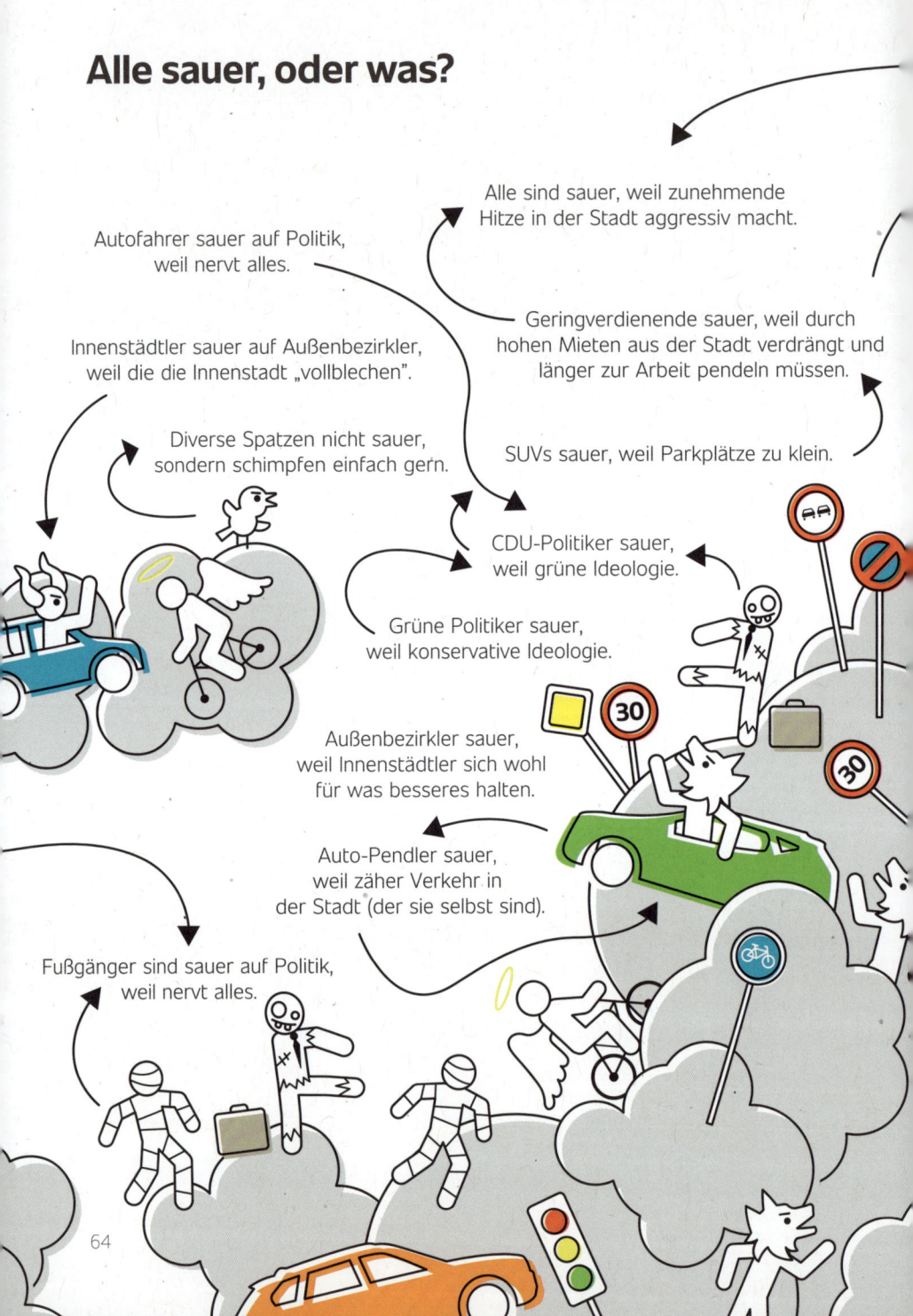

Alle sind sauer, weil zunehmende Hitze in der Stadt aggressiv macht.

Autofahrer sauer auf Politik, weil nervt alles.

Geringverdienende sauer, weil durch hohen Mieten aus der Stadt verdrängt und länger zur Arbeit pendeln müssen.

Innenstädtler sauer auf Außenbezirkler, weil die die Innenstadt „vollblechen".

Diverse Spatzen nicht sauer, sondern schimpfen einfach gern.

SUVs sauer, weil Parkplätze zu klein.

CDU-Politiker sauer, weil grüne Ideologie.

Grüne Politiker sauer, weil konservative Ideologie.

Außenbezirkler sauer, weil Innenstädtler sich wohl für was besseres halten.

Auto-Pendler sauer, weil zäher Verkehr in der Stadt (der sie selbst sind).

Fußgänger sind sauer auf Politik, weil nervt alles.

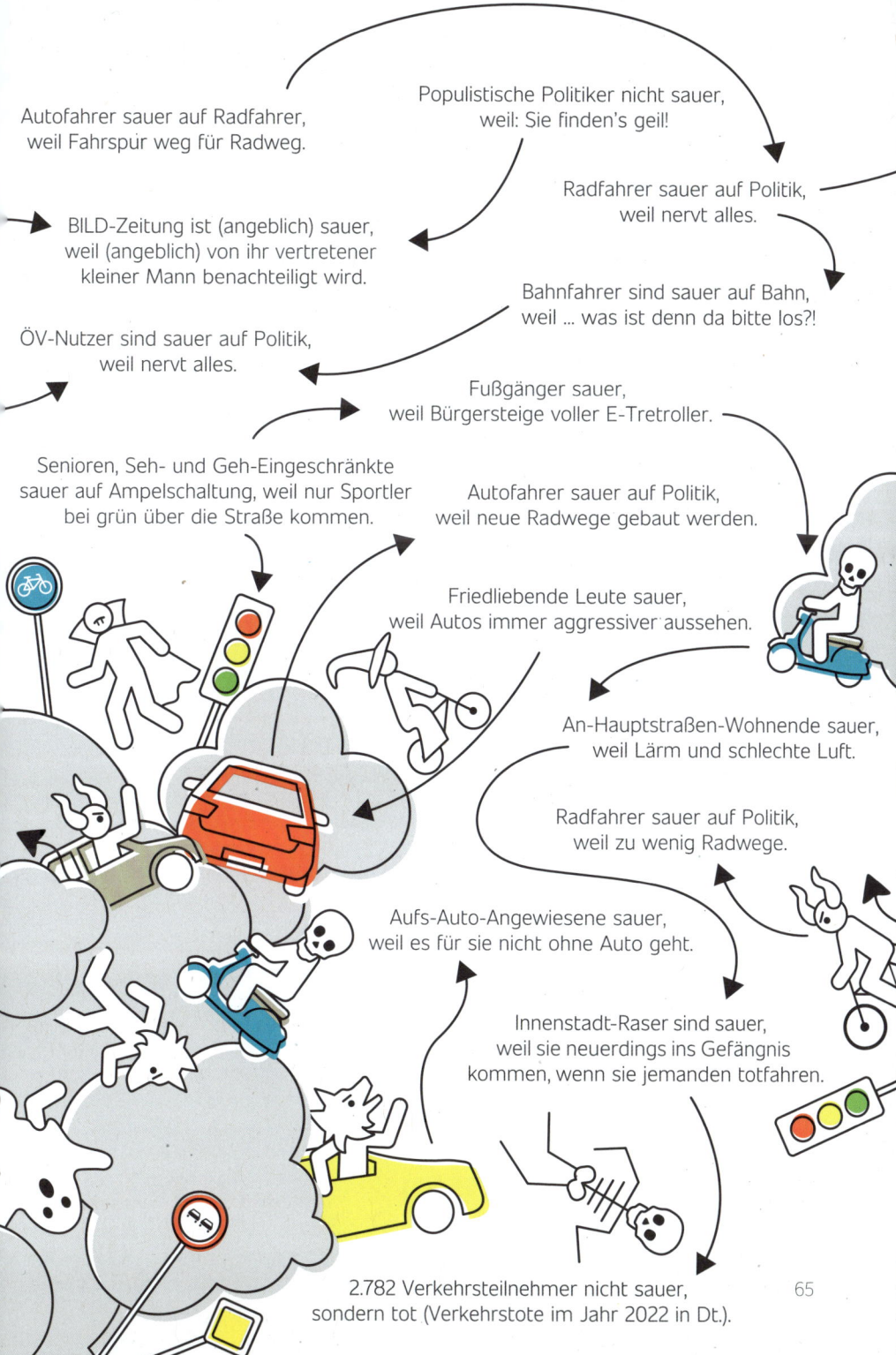

Autofahrer sauer auf Radfahrer, weil Fahrspur weg für Radweg.

Populistische Politiker nicht sauer, weil: Sie finden's geil!

Radfahrer sauer auf Politik, weil nervt alles.

BILD-Zeitung ist (angeblich) sauer, weil (angeblich) von ihr vertretener kleiner Mann benachteiligt wird.

Bahnfahrer sind sauer auf Bahn, weil ... was ist denn da bitte los?!

ÖV-Nutzer sind sauer auf Politik, weil nervt alles.

Fußgänger sauer, weil Bürgersteige voller E-Tretroller.

Senioren, Seh- und Geh-Eingeschränkte sauer auf Ampelschaltung, weil nur Sportler bei grün über die Straße kommen.

Autofahrer sauer auf Politik, weil neue Radwege gebaut werden.

Friedliebende Leute sauer, weil Autos immer aggressiver aussehen.

An-Hauptstraßen-Wohnende sauer, weil Lärm und schlechte Luft.

Radfahrer sauer auf Politik, weil zu wenig Radwege.

Aufs-Auto-Angewiesene sauer, weil es für sie nicht ohne Auto geht.

Innenstadt-Raser sind sauer, weil sie neuerdings ins Gefängnis kommen, wenn sie jemanden totfahren.

2.782 Verkehrsteilnehmer nicht sauer, sondern tot (Verkehrstote im Jahr 2022 in Dt.).

65

Die Melkkühe der Nation
Wer begleicht die Rechnung im Verkehr?

Wenn's beim Auto emotional eh schon ans Eingemachte geht, dann kann man mit dem Thema Geld noch zusätzlich Öl ins Feuer gießen. Man liest in den Medien Schlagzeilen wie „irre Abzocke" oder „Die Grünen zielen mit der Zapfpistole auf wehrlose Pendler".

Aus Rolfs Sicht könnte das so aussehen: „Wir Autofahrer bezahlen doch den ganzen Spaß. Mit unseren Steuern (Mineralöl-, Kfz-, Umsatzsteuer) subventionieren wir sogar die Radwege, die uns dann auch noch Fahrspuren und Parkplätze wegnehmen. Wieso zahlen die Radfahrer keine Steuern? Und wieso müssen wir uns mit maroden Straßen rumquälen, obwohl wir dem Staat das Geld dafür spendieren?"

Hier steht die BILD-Zeitung an der Seite von Rolf. Ein Kommentar vom Frühjahr 2022 trägt den Titel: „BILD klagt Spritpreis-Wahnsinn an – Autofahrer sind die Melkkühe der Nation". Das klingt gewohnt reißerisch, aber das Boulevard-Blatt bietet auch ein paar interessante Fakten, Zitat: *„9,53 Mrd. Euro nahm der Staat 2020 allein durch die Kfz-Steuer ein. Durch die Mineralölsteuer kommen noch einmal 21 Mrd. Euro für Diesel und 16 Mrd. Euro für Benzin hinzu (Stand 2017 wohlgemerkt!). 7,4 Mrd. Euro kamen 2020 durch die Lkw-Maut rein. Die gesamten Ausgaben für den Straßenbau durch Bund, Länder und Kommunen betrugen 2020 aber nur 14,2 Mrd. Euro. Steuereinnahmen durch die Versicherungssteuer, Kfz-Teile oder etwa Waschanlagen sind da noch längst nicht drin."*[10]

Die Rolf-Rechnung lautet also: „Wir müssen blechen, aber der Staat liefert nicht" (also Sanierung und Ausbau der Straßen-Infrastruktur). Wer wäre da nicht wütend? Völlig unüberraschend macht Wendy aber eine ganz andere Rechnung auf – doch nicht etwa mit alternativen Fakten?! – dazu gleich mehr.

Zunächst einmal könnten sich alle, die in irgendeiner Form am Verkehr teilnehmen, als Melkkühe der Nation fühlen, denn Verkehr ist für alle außer für Fußgänger, deutlich teurer geworden, wie sich hier bei statista einsehen lässt:

„Der Preis für Mobilität ist in den letzten 18 Jahren in Deutschland überdurchschnittlich stark angestiegen. Während die allgemeinen Verbraucherpreise in der Bundesrepublik sich seit 2018 um fast ein Drittel steigerten, kostet der öffentliche Nahverkehr nun beinahe 80 Prozent mehr. Auch Bahntickets, Pkw und Kraftstoffe haben deutlich angezogen. Wer ohnehin nur zu Fuß unterwegs ist, kann sich glücklich schätzen: Mit 14 Prozent liegt der Preisanstieg für ein Paar neue Treter ein gutes Stück unter dem Durchschnitt."[11] (Quelle: statista)

Mobilität wird in Deutschland immer teurer
Preissteigerung für mobilitätsrelevante Produkte (2000–2018)

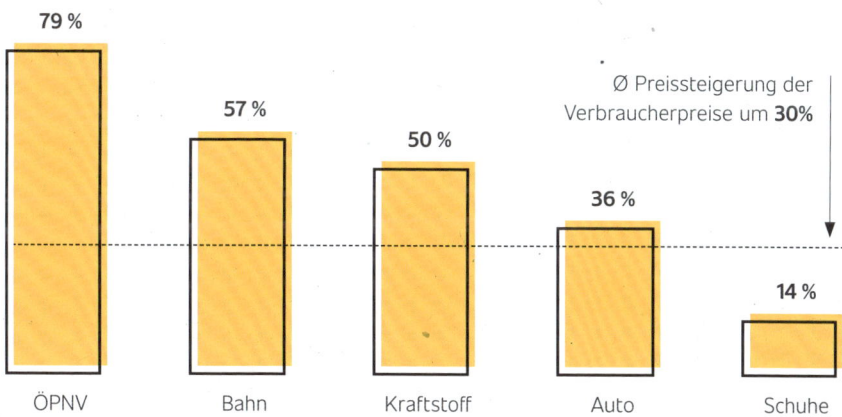

Wer muss nun aber wirklich blechen? Vor allem die ÖV-Nutzer. Auch Bahnfahrer müssen sich im Fernverkehr an die jährlichen und regelmäßigen Dezember-Preiserhöhungen um 3 Prozent gewöhnen. Und wie sieht's bei den Kosten fürs Parken aus?

Dazu ein Zitat aus DIE ZEIT:
„Viele fahren lieber Auto – auch weil die Preise für Bus und Bahn in elf ausgewählten großen Städten deutlich stärker gestiegen sind als die Parkgebühren. Inflationsbereinigt wurde Parken seit 2006 sogar um 1,5 Prozent billiger."[12]

Damit zurück zum Auto. Die verschiedenen Rechenarten entsprechen den unterschiedlichen Sichtweisen. Rolf stellt seine persönliche Kalkulation auf: „Ich zahle X, bekomme vom Staat aber nicht angemessen Y." Korrekt, so weit. Aber diese Rechnung geht nur auf, wenn man diverse Faktoren ausblendet. Denn wie fällt denn die gesellschaftliche Bilanz aus?

Zunächst einmal genießt das Auto zahlreiche Privilegien, die in Rolfs Rechnung nicht enthalten sind; zum Beispiel die höchst kontroversen Themen um das „Dienstwagenprivileg", die Entfernungspauschale oder die äußerst günstige Bereitstellung von öffentlichem Raum zur privaten Nutzung, sprich, die Selbstverständlichkeit, seinen Privatbesitz – in dem Fall ein Auto – überall „lagern" zu dürfen.

Die Geringverdiener mit kleinem Auto finanzieren also mit ihren Steuern den subventionierten dicken Dienstwagen mit. Die Entfernungspauschale, von der der größte Teil zum Auto fließt, wurde 2019 sogar noch erhöht und als klimafreundlich deklariert. Manche Medien übernehmen diese Absurdität unbesehen. Völlig unterschätzt wird die finanzielle Belastung der Städte. Laut einer Studie kostet der Autoverkehr die Kommunen sogar das Dreifache des öffentlichen Verkehrs.[13]

Wieder eine andere Untersuchung widerlegt die verbreitete Ansicht, dass Autofahrer draufzahlen würden, um die teure Bahn mitzufinanzieren. Andere Forschungen besagen, dass die Einnahmen aus dem Straßenverkehr die entstandenen Kosten für den Straßenverkehr nicht einmal zur Hälfte abdecken würden.[14]

Achtung, Park-Erlaubnis!

Woher stammt eigentlich das Recht auf den Parkplatz? In der „Reichsgaragenverordnung" aus dem Jahr 1939 wurde festgelegt, dass mit jedem Neubau genügend Autoabstellplätze zur Verfügung stehen. Pro Wohneinheit war ein Stellplatz Minimum. Wer keinen Stellplatz hatte, konnte auch kein Auto besitzen. Erst in den 1960er Jahren, als die Zulassungszahlen deutlich zunahmen, begannen immer mehr Leute, ihre Fahrzeuge einfach auf der Straße abzustellen – was verboten war. Ein Unternehmer klagte dagegen und nach einem Jahre währenden Prozess entschied das Bundesverwaltungsgericht, dass aus dem Gewohnheitsrecht geltendes Recht wird. Heute hat sich der etwas schräge Begriff „ruhender Verkehr" etabliert, der juristisch nicht unumstritten ist.[15]

Die entscheidende Frage lautet, was das Auto der Allgemeinheit aufbürdet. Was kostet uns zum Beispiel der Parkplatzsuchverkehr in den Städten? Eine Menge Lebenszeit und Nerven bei den Suchenden, im Gegenzug viel Verkehrsbelastung für die Anwohner. Und genau genommen handelt es sich oft nicht um einen Parkplatzsuchverkehr, denn die Parkhäuser haben weitestgehend freie Kapazitäten. Es geht vielmehr um die Suche nach dem kostenlosen Parkplatz.

In einem Fernsehbeitrag beklagte sich eine Einzelhändlerin, dass einer ihrer Stammkunden jetzt schon zum x-ten Mal um den Block gefahren sei und der Mann einfach keinen Parkplatz findet. Die Pointe: Direkt gegenüber auf der anderen Straßenseite des Ladengeschäfts war ein Parkhaus zu besichtigen. Bis auf samstagmorgens sind fast immer noch 20 bis 30 Prozent der Plätze in Parkhäusern frei. Wir können hier also vom „Kostenlos-Parksuch-Verkehr" sprechen. In München zum Beispiel zahlen die Autobesitzer in der eingangs erwähnten Komlumbusstraße 30 Euro pro Jahr für den Anwohnerparkausweis. Die Bereitstellung und Instandhaltung eines Parkplatzes kostet die Kommune aber 300 Euro jährlich.[16]

Welche Belastungen verursachen Autoverkehrsunfälle? Hier entstehen Kosten für die medizinische und psychische Behandlung der Unfallopfer. Vom Wert eines Menschenlebens wollen wir besser nicht sprechen, die knapp 3.000 Menschen, die „verschwinden", die Verkehrstoten pro Jahr (!) in Deutschland, nehmen wir als Preis für die etablierte Form von Mobilität in Kauf.

Studien zeigen, dass pro „Verkehrsopfer" über hunderte Menschen zu den engeren Trauernden gehören. Seit 1950 sind auf deutschen Straßen 778.000[17] Menschen gestorben. Sie hinterließen 70 Mio. Menschen, die im engeren Umfeld den Verlust eines geliebten Menschen, einen Verkehrstoten, zu verkraften hatten.

Tote und Schwerverletzte

Auch wenn die Zahlen kontinuierlich zurückgegangen sind, probieren wir doch mal ein kleines Gedankenexperiment: Angenommen, Ihnen würde jemand ein völlig neues, innovatives Verkehrssystem vorschlagen, sagen wir, das „Beamen" wäre plötzlich möglich. Allerdings mit einem Haken: Jährlich verschwinden leider 3.000 Menschen beim Beamen, das wäre der Preis für die tolle neue Technologie. Würden Sie das für eine gute Idee halten? Würde das genehmigt werden?

Gerne ausgeblendet werden auch die jährlich fast 60.000 Schwerverletzten[18], darunter anschließend Invalide, die lebenslang auf teure Behandlung angewiesen sind. Abgesehen vom persönlichen Schicksal entfallen so partiell auch Arbeitskräfte, sodass zudem ein volkswirtschaftlicher Schaden entsteht. Und wir verbuchen heute zwar weniger Tote, aber immer noch viel zu viele Schwerverletzte, wenn auch sinkend. Dabei spielt auch eine interessante Auffassung von Statistik eine Rolle. Wer nach einem Unfall einen Tag im Krankenhaus überlebt, wird nicht mehr als Verkehrstoter gezählt, auch wenn er am zweiten Tag oder später den Unfallfolgen erliegt.

Auch für die involvierten, also selbst nicht versehrten Autofahrer sind die jährlich fast 300.000 Unfälle[19] mit „Personenschaden" ein Albtraum. Vielleicht war man nur einen Moment unaufmerksam, zu lässig, also „fahr-lässig". Man hat einen kleinen Fehler gemacht und muss damit leben, dass deswegen ein Mensch tot oder fürs Leben gezeichnet ist. All das blenden wir beim Verkehr weitgehend aus. Ist das nicht eine beachtliche gesellschaftliche Verdrängungsleistung?

Andererseits freut sich das Bruttoinlandsprodukt bei jedem Verkehrsunfall, weil Fahrzeuge repariert oder ersetzt werden müssen. Aus wirtschaftlicher Perspektive könnte man zudem anführen: „Und was ist mit dem Gewinn für die Allgemeinheit, also einer blühenden Autoindustrie, die zahlreiche Arbeitsplätze und Wohlstand schafft?"

Was sich unbestreitbar sagen lässt: Wenn wir die sogenannten externen Kosten einbeziehen – also Kosten, die der Allgemeinheit entstehen, ohne dass der Verursacher dafür persönlich zur Rechenschaft gezogen wird – sieht die Rechnung ganz anders aus.

Das Handelsblatt sagt dazu: *„Die Forscher ziehen das Fazit, dass das deutsche Mobilitätssystem ineffizient und unfair organisiert ist. Gerade Autofahrer mit kleinem und mittlerem Einkommen sowie Menschen ohne eigenen Pkw trügen einen unverhältnismäßig hohen Anteil der externen Kosten des Autofahrens."*[20]

Die schon erwähnten Stadtbewohner, die an Hauptstraßen wohnen müssen, weil sie sich nur dort die Mieten leisten können, zahlen mit ihrer Gesundheit. Und die Einkommensschwächeren, die wegen der Mietpreisexplosion aus den Innenstädten verdrängt werden, bezahlen mit weiten Wegen zur Arbeit. Sie verdienen weniger, müssen aber mehr Kosten fürs Pendeln stemmen. Der Verkehr stellt uns vor zahlreiche Fragen von Privilegien, von Fairness, von Gerechtigkeit, die wir in der Öffentlichkeit eher ausklammern, anstatt sie zu diskutieren und künftig anders zu beantworten. Wollen wir das weiterhin und mit gutem Gewissen tun?

Zwei Berechnungen, zwei Meinungen

Und wer hat jetzt Recht? Beide Rechnungen klingen plausibel. Nur können wir uns gegenseitig mit noch so vielen Zahlen bewerfen, ohne dass eine Seite damit diesen Streit gewinnt. Wir können mit Fakten die ohnehin schon stark lodernde Debatte zusätzlich anheizen. Letztlich geht es um die Frage, ob wir uns die Pro-Auto-Rechnung heute noch leisten wollen und können.

Das Auto genießt zahlreiche Privilegien und erzeugt enorme Kosten für die Allgemeinheit. Unser Land hat sich im letzten Jahrhundert für diesen Weg entschieden und ist damit lange Zeit wirtschaftlich gut gefahren. Diese gesellschaftliche Entscheidung steht aber heute auf dem Prüfstand. Sie muss auf die Hebebühne, damit wir sehen können, wo's rostet, klappert, hakt. Denn das tut es. Die Wünsche nach einer Abkehr vom dominierenden Fokus auf den Pkw werden lauter und die Argumente lassen sich immer schwerer ignorieren.

Und jetzt gönnen wir Ihnen zum Durchatmen ein paar Seiten Kulturkampf-Pause. Auch Wendy und Rolf dürfen sich zurücklehnen und überraschen lassen. Bei der Bahn stellen sich die Dinge trotz offensichtlicher Probleme ganz anders dar, als man es aus eigenem Erleben oder der Tagesschau erfährt. Und die Bahnen und Busse des öffentlichen Verkehrs sind das Beste, was Autofahrern passieren kann.

Die andere sensationelle Erfolgsgeschichte des 20. Jahrhunderts

Bis ins 19. Jahrhundert hinein waren die Menschen überwiegend auf Wald- und Wiesenwegen, auf Kopfsteinpflaster oder Schotterpisten und auf Flüssen oder Kanälen unterwegs. Dann kam die Bahn – eine allem bisherigen weit überlegene Transporttechnologie mit allwettertauglichen Schienen und Zügen und bis dahin unerreichtem Tempo wie „bahnbrechender" Leistung. In Deutschland entstand im 19. Jahrhundert eine richtige Startup-Szene von Bahnunternehmen, die viel privates Kapital in das aufstrebende Verkehrsmittel investierte. Das Schienennetz breitete sich rasant aus, um die Bahnhöfe wuchsen städtische Zentren, immer mehr Züge transportierten immer mehr Mensch und Material. In den 1930er Jahren war die Reichsbahn einer der größten Arbeitgeber in Deutschland.

Im Schatten dieser Erfolgsgeschichte entwickelte sich dann die nächste Revolution im Verkehr: Asphalt und Beton. Auf festen Straßen und Autobahnen entstand eine billigere und flexiblere Alternative. Autos, Busse und Lastwagen breiteten sich aus und führten zu dem Individualverkehr, wie wir ihn heute kennen. Die Bahn blieb trotzdem wichtig. Ihre Stärken liegen im Massenverkehr. Zum Einen bei Gütern wie Kohle oder Erzen, zum Anderen beim Verkehr von Menschen auf den wichtigsten Routen, auf denen die Staus sonst noch viel länger wären.

Leider präsentiert sich die Bahn heute in einem schwierigen Zustand. Wie lässt sich das erklären und wie leistungsfähig ist die Bahn wirklich? Welche Bedeutung haben die Bahnen und Busse des öffentlichen Verkehrs? Und welche Rolle hat die Politik auf Bundes- und Landesebene in dem ganzen Spiel? Das schauen wir uns in den folgenden Kapiteln an.

Was die Welt von unseren Bahnen hält

Neben ihrer eigentlichen Aufgabe, Menschen und Güter zuverlässig von A nach B zu bringen, hat sich um unser staatseigenes Unternehmen ein eigenständiges humoristisches Genre etabliert. Ganze Bücher und Abreißkalender mit Witzen erscheinen. Ein Klassiker dürfte dieser Spruch sein:

„Die Deutsche Bahn hat eigentlich nur vier Probleme: Frühling, Sommer, Herbst, Winter." Und alle, die auch nur einmal Bahn gefahren sind, haben mindestens eine Anekdote im Gepäck à la „Du glaubst ja nicht, was mir neulich mit der Bahn passiert ist ...". Heinrich sagte man damals bei seinem Einstellungsgespräch in die Konzernstrategie der Deutschen Bahn: „Wenn Sie jetzt unterschreiben, gehört mindestens eine Stunde jeder Party der Bahn." So war's dann auch.

Es kursiert außerdem ein Tipp an alle Bahnreisenden, am besten einfach ihre Erwartungshaltung zu ändern, also quasi in geänderter Erwartungsreihung zu verkehren, indem man bei seiner Reise von der Unpünktlichkeit ausgeht und so nur noch positiv überrascht werden kann. Das nützt natürlich Pendlern im regionalen Berufsverkehr eher wenig. Aber woher kommt dieser Haufen an Pleiten, Pech und Pannen, über den sich das ganze Land echauffiert? Hat sich bereits der Volkssport „Bahn-Bashing" etabliert? Und was funktioniert denn zuverlässig, wovon nicht die Rede ist?

Schauen wir zunächst einmal, wie unsere Bahn im internationalen Vergleich dasteht – nämlich überraschend gut. Tatsächlich zählen die Bahn und das deutsche Schienennetz zu den besten der Welt, trotz des einen oder anderen Instandhaltungsstaus. Kaum ein Netz ist so komplex und bewältigt so viel Transitverkehr, unterschiedliche Takte und komplizierte Taktknoten. Die Bahnstrecken müssen bei uns gleichzeitig Personen- wie Güterverkehr verkraften. Hinzu kommt, dass das Staatsunternehmen viel Mitsprache aus der Politik – von Landes- bis Bundestagsabgeordneten, von Bürgermeistern und Landräten – verarbeiten muss, zum Beispiel bei den Vorgaben und Ausschreibungen von Verkehrsverträgen, bei der Trassenauswahl für Streckenneubauten oder einfach nur wenn es darum geht, möglichst viel Steuergelder ins eigene Bundesland zu lotsen, die dann zu Baukonjunktur führen.

Unsere Bahn steht im weltweiten Vergleich vor komplexeren Herausforderungen. Das Vorbild „Schweizer Bahn" bedient eine Fläche in der Größe Bayerns – und hat ein deutlich überschaubareres Streckennetz. In Japan lässt sich die legendäre Pünktlichkeit der Nord-Süd-Strecke relativ leicht erreichen. Es müssen hier kaum komplizierte Netzknoten verbunden werden. Das zentralistische Frankreich ordnet einfach an, dass alle Bahnwege sternförmig nach Paris zu laufen haben und man kann dann mal 300 km am Stück „durchdonnern" lassen. Nicht zuletzt gibt es in Vorzeigeländern, wie der Schweiz oder Österreich, den gesellschaftlichen Konsens, erheblich mehr Steuergelder für ihre Bahnen zu investieren als wir in Deutschland – und zwar das Drei- bis Vierfache, wie Pro-Kopf-Vergleiche zeigen.

Obwohl unsere Bahn sehr leistungsfähig ist, lässt sich die teils desolate Lage aktuell nicht leugnen. Verspätungen und Zugausfälle, kaputte Türen und Kaffeemaschinen, Klimaanlagen- und Toiletten-Ausfälle überall. Oft werden dafür pauschal die CSU-Bundesverkehrsminister der letzten Regierungen als alleinverantwortlich für die Katastrophe ausgemacht. Aber so einfach ist es nicht. Ganz allgemein dominierte viele Jahrzehnte der politische Wille auf diversen Ebenen, mehr Geld für die Straße als für die Schiene aufzuwenden. Zum Beispiel lässt sich mit dem Bau einer Umgehungsstraße ein populärer Effekt beim Wahlvolk erzielen, während die Erneuerung einer Weichenanlage niemand bemerkt. Würden wir in Deutschland ähnlich viel in die Bahn investieren wie zum Beispiel Österreich oder die Schweiz, sähe die Sache ganz anders aus. Für welchen Verkehr welches Steuergeld ausgegeben wird, das mag zwar der Bundesverkehrsminister vorschlagen, verhandelt wird es aber von Bundestagsabgeordneten im Haushaltsausschuss und entschieden wird es von der Mehrheit im Parlament.

Und vieles, das die Bahn bewältigt, sieht man aus dem Zugfenster heraus einfach nicht. Nämlich dass vor oder hinter einem ICE auch hochfrequente S-Bahn- und Güterzüge auf dem selben Gleis eingetaktet werden müssen oder welche strukturellen Umbrüche die Bahn klammheimlich erstaunlich gut weggesteckt hat. Erwähnt sei hier nur der gigantische Personalabbau. Vor der Wiedervereinigung halbierte die Bundesbahn ihren Mitarbeiterbestand von rund einer halben Million auf etwa 250.000 – das ganze sozialverträglich und ohne einen einzigen Streik. Nach der Wiedervereinigung kam eine Viertelmillion Bahner aus dem Osten dazu und wieder wurde der Personalbestand bis heute erstaunlich reibungslos halbiert. Nicht dass ein Personalabbau an sich ein Grund zu feiern wäre, aber es musste halt gespart werden.

"

Ob Anti-Schlagloch-Initiative für unsere Straßen und Bürgersteige, sichere Rad-wege für die immer mehr Radfahrer, unser On-Demand-Shuttle als wichtige Er-gänzung zu Bus und Bahn, bessere Umsteigemöglichkeiten zwischen den Ver-kehrsmitteln (z.B. Park + Ride) und natürlich unsere Ruhrbahn mit ihren 2.400 Mitarbeitern – gute Mobilität für alle kriegst du nicht mit einem Fingerschnipp, das ist eher ein Marathon auf Fingerspitzen.
Ulrich Beul, Aufsichtsratsvorsitzender der Ruhrbahn und verkehrspolitischer Sprecher der CDU-Fraktion, Essen

Was die Bahn kann, und was nicht

„

Mehr Platz auf der Schiene durch neue Gleise kann auch mehr Platz auf vorhandenen Straßen schaffen. Ein beherzter Ausbau der Eisenbahn könnte den Kulturkampf auf den Straßen mildern.

Dirk Flege, Geschäftsführer Allianz pro Schiene e.V.

Oft führen falsche Vorstellungen und Erwartungen zur Enttäuschung über die Bahn, andere Bahn-Unternehmen und die diesbezügliche Verkehrspolitik. Wussten Sie, dass die Deutsche Bahn aus 300 Tochterunternehmen besteht, die alle Gewinne abwerfen sollen? Dass es längst einen scharfen Wettbewerb mit über 400 Konkurrenten gibt, dass zwei von fünf Zügen im Nahverkehr und die Hälfte des Güterverkehrs im Güterverkehr von den Wettbewerbern gefahren werden?

Beispielsweise wird immer wieder beklagt, dass die Bahn ihr Streckennetz um einige tausend Kilometer reduziert hat. Richtig, denn im Gegensatz zum Auto können die Bahnen nicht jeden Winkel des Landes ansteuern, ohne ein vertretbares Verhältnis von Aufwand und Nutzen zu sprengen. „Heiße Luft im Bummelzug" im Dreistundentakt zu transportieren, hilft weder dem Klimaschutz noch den Finanzen – mit gleichem Geld könnten erheblich bessere Busverbindungen angeboten werden, auch wenn es gelungene Beispiele von Streckenaktivierungen gibt. Außerdem muss im Himmel kein komplexes Schienennetz unterhalten werden. Lufthansa-Manager, wenn sie zur Bahn wechseln, machen immer wieder „dicke Backen", wenn sie so nach und nach die vielen ineinandergreifenden Zahnrädchen der komplexen Bahnwelt verstehen lernen.

„Wenn mal wieder Engpässe absehbar sind und Überfüllungen drohen, kann man doch einfach einen zusätzlichen Wagen dranhängen!" Nein, kann man nicht. Moderne Züge im Nah- und Fernverkehr sind fest gekoppelte Einheiten. Zudem fehlt es an den notwendigen Extra-Wagen oder -Zügen.

Reserve-Züge für den Freitagnachmittag stünden den Rest der Woche herum, das ist zu teuer. Gäbe es sie, würde die Bereitstellung die Ticketpreise in die Höhe treiben. Ein früherer Produktionsvorstand sagte einmal: „Ein Zug, der nicht fährt, ist nur die Hälfte wert." Und selbst wenn man an einen Zug einfach einen Wagen dranhängen könnte, würde es oft an Abstell- oder Rangierkapazitäten hapern.

Fahrzeugbeschaffungen sind ein langfristiges Unterfangen, im Nah- wie im Fernverkehr. Da gehen schnell zehn Jahre ins Land. Es muss EU-weit ausgeschrieben, gebaut, getestet und in Betrieb genommen werden. Parallel dazu müssen neue Instandhaltungswerke gebaut werden, denn die neuen Züge benötigen zusätzliche Werkstattzeiten. Wollte man also morgen mit einer größeren Flotte unterwegs sein, müsste man 10 bis 15 Jahre vorher die politischen Entscheidungen fällen. Heute haben wir den Zustand, der vor 15 Jahren (nicht) entschieden und bestellt wurde.

Zu Stoßzeiten lässt die Bahn deshalb oft alles fahren, was geht. Denn Züge in Reserve zu lassen, mag man den Fahrgästen nicht zumuten, von denen dann mehr und mehr von der Schiene auf die Straße umsteigen würden. Fällt dann aber ein Zug aus, fehlt der Ersatz. Ein typisches Dilemma bei Mangel an Geld und Material.

In den nächsten Jahren kommen auf die Fahrgäste und den Güterverkehr sogenannte „Korridorsanierungen" zu, weil endlich genügend langfristig planbares Geld für die Instandhaltung zur Verfügung steht. Dabei werden wichtige Strecken über Monate generalsaniert und dafür voll gesperrt, was das ohnehin schon ächzende Netz zusätzlich belastet.

Wenig hilfreich sind auch überzogene Erwartungen, wie sie gerade aus den Reihen der Politik und von Aktivisten hervorgebracht wurden. Da wird zum Beispiel fröhlich beschlossen, dass die Bahn ihren Personenverkehr bis 2030 verdoppeln soll oder analog zur Schweiz der Deutschlandtakt verordnet wird. Eine schnell dahin gesagte Idee für ein ohnehin schon am Anschlag fahrendes Verkehrssystem – vor allem, wenn die Politik in Bund und Ländern nicht bereit ist, dafür auch viermal mehr pro Kopf in die Bahn und den öffentlichen Verkehr zu investieren (siehe Seite 84/85).

Für die Verdopplung bräuchte es neben mehr Zügen auch neue Strecken – und vor allem Knoten, Bahnhöfe und Bahnsteige, denn die sind zunehmend der Engpass im Netz. Für deren Bau muss man allerdings einen Zeitraum von 20 bis 25 Jahren veranschlagen.

Das politische „mal schnell die Bahn ausbauen", bleibt solange ein leeres Versprechen, wie man die dafür notwendigen Mittel nicht bereitstellt. Ansonsten etabliert es eine unerfüllbare Erwartungshaltung. Was heißt eigentlich „ausbauen"? Neue Bahnstrecken bauen? Den Instandhaltungsstau beseitigen?

Da viel zu wenig in neue Gleise und Züge investiert wurde, kann die Bahn zukünftig kaum Auto- und Lkw-Verkehr von der Straße holen. Es bleibt also bei den Staus auf den Autobahnen und beim Pendelverkehr in den Städten. Weder Wendy noch Rolf haben das Gefühl, dass sich was tut. Ihre Konflikte miteinander bleiben ungelöst. Wenn Wendy und Rolf deswegen über die Bahn schimpfen, dann müssten sie sich zum großen Teil eher bei der Politik bedanken.

Die Bahn ist auch nicht per se klimafreundlicher als andere Verkehrsmittel. Mit einer vierköpfigen Familie im Auto hat man pro Kopf einen kleineren ökologischen Fußabdruck als in einem normal ausgelasteten ICE (mit durchschnittlichem CO_2-Ausstoß pro Kilowattstunde Bahnstrom). Das Schienennetz ist zwar noch lange nicht voll elektrifiziert - mit den neuen Akkuzügen, die in Schleswig-Holstein und Sachsen bald im Regeleinsatz sind, erübrigt sich das dann auch.

Gleichzeitig führt die zunehmende Erderhitzung zu mehr Böschungs- und Kabelbränden, zu Hitzeschäden in alten Anlagen, zu kollabierenden Klimaanlagen in Zügen, die bei extremen Temperaturen evakuiert werden müssen. Als der ICE 1 geplant und aufs Gleis gesetzt wurde (Ende der 80er Jahre), hätte man die Klimaanlagen gemäß der Richtlinien für spanische Züge, also für Sommertemperaturen von 30 bis 40 Grad, auslegen müssen. Das ist nachträglich kaum möglich. Auch heute wird zu oft noch so agiert, als ob wir in unverändert gemäßigten Klimazonen leben würden. Auch Überschwemmungen oder Orkane bedrohen die Infrastruktur zunehmend. Als Beispiel sei nur das Ahrtal im Sommer 2021 genannt, wo große Teile des Schienennetzes der Bahn zerstört wurden, was zu erheblichen Beeinträchtigungen des Fern-, Nah- und Güterverkehrs führte.

In den uneinlösbaren Erwartungen selbst liegt schon ein gewichtiger Teil des Problems der Bahn. In manchen Kreisen wird sie recht unbeschwert als DAS klimafreundliche Verkehrssystem gepriesen, auf das am besten alle und gleich morgen früh umsteigen sollten. Realistische Schätzungen besagen, dass die Bahn im Idealfall zwischen 10 bis 20 Prozent des Auto- und Lkw-Verkehrs aufnehmen könnte. Mehr ist selbst bei bestehenden Kapazitäten und ideal verlaufendem Ausbau kaum drin.

„Verkehrswende" heißt nicht, dass 2050 alle Bahnfahren würden und keine Autos und Lkws mehr unterwegs wären.

Nach einer Bestandsaufnahme der Probleme stellt sich die Frage, wie sich die Bahn aus diesen komplizierten Zusammenhängen zwischen Politik, Infrastruktur, Erwartungshaltungen und langfristigem Handlungsrahmen wieder herausarbeiten kann. Damit sie wieder besser werden kann und dem standhält, was wir erwarten. Wäre es nicht schön, wenn wir wieder stolz auf unsere Bahn sein könnten? Mal die Kolleginnen und Kollegen auf dem Zug loben, die trotz der Umstände in den allermeisten Fällen die Nerven behalten und einen guten Job machen? Aktuell gönnen wir uns in Deutschland klimaschädliche Subventionen im Flugverkehr oder für fossile Kraftstoffe in Höhe von rund 60 bis 70 Mrd. Euro pro Jahr.[21] Wäre das Geld nicht wenigstens zum Teil besser bei der Bahn aufgehoben, die wir in Zukunft mehr denn je brauchen werden? Allein schon durch das Streichen der Subventionen für den klimaschädlichen Flugverkehr könnten sich erhebliche Mittel für den Ausbau des öffentlichen Verkehrs aufbringen lassen.

Es wird also weiterhin noch etwas ruckeln, aber mit ihrer großen Vergangenheit sollte die Bahn in Zeiten der Klimakrise eine noch größere Zukunft haben – als Verkehrssystem mit erheblichem Beitrag zur Klimaneutralität bei unschlagbarer Effizienz beim Massentransport. Ein gewisses Potenzial liegt außerdem im Ausbau des europäischen Nachtzugnetzes, der gerade Fahrt aufnimmt und perspektivisch dazu beitragen kann, einen Teil des innereuropäischen Flugverkehrs zurück auf die Schiene zu locken.

Ausbaufähig ist auch das länderübergreifende Bahnbuchungssystem Europas. Während man Flüge über alle Grenzen hinweg unkompliziert buchen kann, grenzt es an einen Kraftakt, im Internet neben den ICE- und TGV-Zügen auch die Bus- und Bahnverbindungen im örtlichen Verkehr zu finden, durchgängig die Preise zu erfahren und dann auch noch die Tickets buchen zu können. Oder man braucht für innereuropäische Bahnfahrten die Hilfe von spezialisierten Reisebüros – wie in alten Kursbuch-Zeiten. Autofahrer mittels Kursbüchern in die Bahn zu prügeln, dürfte ein sportliches Unterfangen bleiben. Und zum Schluss noch eine Anekdote am Rande: Vor vielen Jahren ist Heinrich in 60 Stunden von den Lofoten (Nord-Norwegen) mit Bus, Tages- und Nachtzügen und Fähren in seine Heimatstadt Wilhelmshaven gereist. Während wir dieses Buch schreiben, plant er eine Reise über Mallorca bis nach Gibraltar – mit der Bahn (und der Fähre). Und ein Freund von Michael hat's vor kurzem durchgezogen: Nach Malle mit dem Zug (und der Fähre). Er fand's wunderbar; die Entdeckung der Langsamkeit, der Landschaften und die Begegnungen mit Menschen (man muss natürlich die entsprechende Zeit dafür einplanen und die Spezialreisebüros fragen, die die Verbindungen und Buchungstricks kennen).

Busse und Bahnen ausbauen

Gute Nachrichten für Autofahrer?

"

Bei einem Kampf gibt es immer Verlierer; gestalten wir Mobilität gemeinschaftlich, gewinnt das Kollektiv. Bei „anders Auto" statt „kein Auto" und guten Öffentlichen für alle Menschen gewinnt dann auch das Klima.

Robert Dorn, Geschäftsführer Bundesverband SchienenNahverkehr e. V.

Wer öffentlichen Nahverkehr in gewohnter Qualität will, muss die Finanzierungslücke von rund 30 Milliarden bis 2030 klären – warum dann nicht im Verkehr umverteilen und jeden achten Euro an klimaschädlichen Subventionen in den Nahverkehr umlenken?

Prof. Dr. Alexander Pischon, Vorsitzender der Geschäftführung der Karlsruher Verkehrsunternehmen

Wir können uns für unseren Planeten und für unsere Beschäftigten kein Verramschen von Mobilität und Logistik mehr leisten. Für Niedrigstpreise oder sogenannten „kostenlosen ÖPNV" ist da kein Raum: Statt „Geiz ist Geil" in der Mobilität zu befeuern, brauchen wir dringend eine Haltungswende.

Dr. Alexander Möller, Geschäftsführer ÖPNV, Verband Deutscher Verkehrsunternehmern VDV e.V. und früherer ADAC-Geschäftsführer

Gegen einen attraktiveren öffentlichen Nah- und Fernverkehr kann doch wirklich niemand etwas einzuwenden haben, oder? Wer will denn nicht, dass Bus und Bahn ausgebaut werden? Und damit ist dieses politische Credo schon fast eine Plattitüde, weil es erlaubt, so herrlich unkonkret zu bleiben. Denn die Widerstände liegen im Detail.

Nehmen wir als Beispiel den Ausbau einer Straßenbahn oder Tram in einer Stadt. Dafür entfällt oft eine Fahrspur einer Straße. Die Autofahrer denken „schon wieder wird uns Raum genommen" und sind eher genervt. Was hier tatsächlich vorliegt, ist ein Wahrnehmungs- und Kommunikationsproblem.

Dass eine Pkw-Spur der Tram weichen musste, sieht jeder. Was man nicht sieht: Dass die ausgebaute Tram im Idealfall so viele Autofahrer zum Umstieg in den öffentlichen Verkehr bewegt, dass die verbliebenen Autos die entfallene Fahrspur gar nicht mehr benötigen. Dass nur der Wegfall einer Autospur sichtbar ist, nicht aber der positive Effekt, führt zu fehlender Akzeptanz und Unverständnis; vor allem wenn dieser Effekt nicht vermittelt wird und nicht nachvollziehbar bleibt. Und bei Schienen, die in den Straßenbelag eingelassen sind, fällt die Pkw-Spur nur alle 10 min und nur für die Länge der Tram weg. Davor und danach gehört die Straße wieder ganz dem Autoverkehr. Zudem kann man durch intelligente Ampelschaltungen die Straßenbahnen so beschleunigen, dass sich noch mehr Autofahrer fragen, warum sie eigentlich noch selbst hinterm Lenkrad und nicht in der Tram sitzen sollten.

Was man ebenfalls nicht sieht, sind die zahlreichen Autofahrer, die sich das eigene Auto kaum leisten können oder wollen und denen die neue Tram endlich eine Alternative bietet. Insbesondere im Zuge der Mietenexplosion werden viele Men- schen aus den Innenstädten verdrängt. Sie müssen zwangsläufig weitere Wege und steigende Kosten fürs Pendeln in Kauf nehmen. Ihnen hilft ein besserer öf- fentlicher Verkehr. Zum Beispiel die Straßenbahn holt den Autoverkehr von der Straße, der dort gar nicht sein will. Das sind alle, die auf das Auto angewiesen sind. Oder Gewohnheitstiere, die gar nicht so sehr am eigenen Pkw hängen und nach Lust und Laune auch mal andere Verkehrsmittel ausprobieren könnten. Das sind unter anderem auch Frauen, die sich für das Auto entscheiden, weil sie sich in anderen Verkehrsmitteln nicht sicher fühlen. Oder Senioren, die sich hinterm Lenkrad nicht mehr wohlfühlen. Und die Straßenbahn verschafft allen anderen Autofahrern die Option, das eigene Auto auch mal stehenlassen zu können.

Lieber Rolf, es kann gut sein, dass das für dich nach „Salami-Taktik" riecht. Man will scheibchenweise den unfreiwilligen Autoverkehr von der Straße holen, wird dabei aber auch den freiwilligen Autoverkehr zurückdrängen wollen. Aber stell dir vor, du wohnst auf dem Land und ärgerst dich über den wachsenden Stau im Berufs- und Wochenendverkehr in die Stadt. Dein Nachbar fährt neuerdings mit dem Auto zum Bahnhof, lässt es dort stehen (Park + Ride) und fährt mit dem Zug in die Stadt. Das wäre ein Auto weniger in deinem Stau. Jetzt machen das zehn Nachbarn und so weiter. Die Straße leert sich für dich. Kaufst du uns das ab?

Busse und Bahnen holen den Autoverkehr von der Straße, der dort gar nicht sein will

Von diesem Beispiel abgesehen dürfen bei Autofahrern, aber auch sonst, immer die Sektkorken knallen, wenn der öffentliche Verkehr verbessert wird. Wie die Straßen, deren Ausbau den Verkehr auf ihnen steigert, sorgt ein besseres ÖV-Angebot für eine wachsende Nachfrage. Je mehr Verkehr die Bahnen und Busse von den Autostraßen holen, desto weniger Gedränge und Stau für den verbleibenden Autoverkehr. „Wir locken Autos von der Straße, damit alle besser vorankommen" – so könnte die Haltung lauten, die für das Miteinander wirbt.

Auch das Deutschlandticket könnte sich als gute Nachricht für Autofahrer erweisen – für alle anderen sowieso. Denn es wirft ein aufschlussreiches Schlaglicht auf den öffentlichen Verkehr, der viel einfacher und bequemer sein kann. Die komplizierten Ticketautomaten nerven eigentlich alle.

Im Jahr 2022 demonstrierte das 9-Euro-Ticket zwar, dass man viele Menschen für Bahnen und Busse begeistern kann - und damit dem Ausbau von Bus und Bahn einen neuen Rückhalt gibt. Aber gleichzeitig zeigte es auch, dass man besser nicht zu viele Menschen mit einem zu attraktiven Angebot auf einen Schlag in den Nah- und Regionalverkehr locken sollte. Wer's nicht selbst probiert hat: Das Leben in komplett übervollen Zügen zu genießen, war eine Erfahrung, die man nicht unbedingt wiederholen will. Man könnte es auch einen Belastungstest für die Kapazität des öffentlichen Nah- und Fernverkehrs nennen.

Ein Jahr später kommt das Deutschlandticket für 49 Euro weit entspannter daher. Stand Juli 2023 zeigt sich ein deutlicher Anstieg bei Reisen mit der Bahn von mehr als 30 Kilometern. Im Juni stieg die Anzahl der Pendelfahrten um rund ein Viertel im Vergleich zum April. Der Verband deutscher Verkehsunternehmen geht davon aus, dass sich perspektivisch 17 Millionen Menschen ein Deutschlandticket zulegen werden.[22]

Was das Deutschlandticket, abgesehen vom günstigen Preis, außerdem so attraktiv macht, ist die Freiheit vom Ticket- und Tarif-Alarm. Man kann einfach einsteigen und losfahren, ohne sich mit Fahrkartenautomaten oder verschiedenen Verkehrsverbund-Tarifsystemen beschäftigen zu müssen – ein Gefühl, als wäre man mit einer Bahncard 100 unterwegs. Die von vielen Fahrgästen als Wirrwarr empfundenen Tarifsysteme sind ein nicht zu unterschätzender nervlicher Faktor, eines der beliebtesten Argumente gegen die Bahnnutzung wie auch mit 10 Prozent der Gesamtkosten ein erheblicher Budgetfaktor für den öffentlichen Verkehr selbst. Einen interessanten Ansatz bieten eingleisige Nebenstrecken, gerne mal Bimmelbahnen genannt. Man könnte die Reisenden auch komplett gratis mitfahren lassen, da die Kosten für Vertrieb, Automaten und Fahrkartenkontrollen hier oft höher sind als die Fahrgeldeinnahmen selbst.

Wie bei der Bahn stellt sich auch beim öffentlichen Verkehr die Frage, was er kann und was nicht. Die Deutschlandtickets zeigen, dass die Öffentlichen durchaus brachliegende Auslastungspotenziale am Wochenende haben. Andererseits liegt ihre Zukunft wohl mehr in besseren Taktungen, einfacheren Nutzungsmöglichkeiten und der intelligenten Verknüpfung mit anderen Fahrrad-, Carsharing- und Mitfahrmöglichkeiten. Zu letzteren zählen zum Beispiel Fahrradparkplätze an Bahnhöfen, Rufbusse auf dem Land, Park & Ride-Modelle oder Apps zur bequemen Buchung individueller Verkehrsmittel-Kombinationen, um nur einige von zahlreichen Möglichkeiten zu nennen. Es bleibt zu hoffen, dass das Geld jetzt nicht fehlt, um mehr Takt, mehr Leistung, mehr Bike + Ride-Plätze zu schaffen, die wirklich für dauerhafte Umstiegsoptionen sorgen. Denn schon zeigen Aussagen von Managern, dass das Deutschlandticket der Finanzierung des öffentlichen Verkehrs wichtige Mittel entzieht, die dann in der Regel zu Leistungskürzungen bei den schlecht ausgelasteten Nebenstrecken führen – und in Folge die Bevölkerung in den ländlichen Regionen darin bestärkt, noch weniger über andere Optionen nachzudenken.

Ehrlich machen

Ein Klartext von Heinrich

Was ich hier anmerke, liegt mir als ehemaligem Bahn-Manager schon lange auf dem Herzen.

Teile der Politik proklamieren fröhlich durch die Lande, die Bahn auszubauen. Wenn man das ernst meint, gilt: Wer A sagt, muss auch B sagen. Lasst uns doch mal zur Sache kommen. Das kostet richtig Geld und Zeit!

Klar, man kann beschließen, dass die Bahn 2030 doppelt so viele Fahrgäste befördert. Genauso gut kann man fordern, dass die Bordrestaurants der ICEs auch Speisen nach Hause liefern und die Bahn morgen fliegen kann.

An diesem Punkt müssen wir uns ehrlich zeigen und uns als Gesellschaft entscheiden: Wollen wir nicht viel mehr Geld in den Ausbau von Bahnen und Bussen, wie auch die Finanzierung von mehr Takt und Angebot stecken?

Konkret hieße das: Wenn wir uns für einen zukunftsfähigen, leistungsstarken und klimafreundlichen öfflichen Verkehr entscheiden, dann...

- ... müssten die Investitionen pro Kopf und Jahr für die Schiene verdoppelt bis vervierfacht werden, wie es in Schweden oder der Schweiz Gang und Gäbe ist.

- ... müssten unsere Bundestagsabgeordneten die Finanzierung so gestalten, dass sie langfristig planbar den Bahnen zur Verfügung steht, kontinuierlich und vorhersehbar wächst und mindestens eine Verdopplung in den nächsten zehn Jahren – wie das Vorbild Luxemburg – vorsieht.

- ... müssten Bund, Länder und Kommunen die Zuschüsse für den Regional- und Busverkehr verdoppeln, damit auch am Großstadtrand und auf dem Land attraktive Takte angeboten werden. Denn Deutschlandtickets helfen nicht, wenn es zu wenig Verbindungen, Fahrzeuge und Personal gibt.

„Öffentlichen Verkehr ausbauen" heißt nicht zuletzt, Busse und Bahnen im Sinne von Deutschlands Klimazielen konsequent zu dekarbonisieren. Das ist die übergeordnete Verantwortung des Verkehrssektors, der über Jahrzehnte seine Emissionen zu wenig gesenkt hat.

Wenn wir den öffentlichen Verkehr dekarbonisieren, wäre das ein enormer Sprung. Für Busse und Bahnen bedeutet das, raus aus Gas- und Kohlestrom, Schluss mit Diesel-Fahrzeugen und rein in die „All-Electric-Zukunft" mit Strom aus Wind, Solar und Wasser – ein längst überfälliger Schritt für unsere öffentlichen und steuerfinanzierten Verkehrsunternehmen, die als gutes Vorbild für Wirtschaft wie Gesellschaft vorangehen müssten.

> *Mobilität muss für alle zugänglich sein. Kollektiver Verkehr in ländlichen Gebieten fördert nachhaltigere Mobilität und wirtschaftliches Wachstum vor Ort.*
> *André Schwämmlein, CEO und Mitgründer Flix*

> *Lebensqualität in unseren Städten erfordert ein „großes Miteinander" und "Innenstadt neu denken". Da im ländlichen Raum das Auto gebraucht wird, ist es nicht Feindbild Nr. 1. Aber wir müssen uns Gedanken machen, wie wir den geringen Platz in unseren Städten möglichst lebenswert teilen. Zu Fuß, mit dem Rad, in Bus & Bahn und ja, auch im Auto.*
> *Alexander Heppe, Bürgermeister, Kreisstadt Eschwege*

Warum eins haben, wenn man auch zehntausend nutzen kann?

> Die meisten Carsharer*innen fahren sehr oft Bus, Bahn und Fahrrad, obwohl sie auch Carsharing-Autos zur Verfügung hätten – einfach nur, weil das Auto für viele Wege gar nicht die beste Wahl ist. Je mehr Menschen in einen pragmatischen Mix der Verkehrsmittel einsteigen, desto kostengünstiger, flächensparsamer und klimaschonender wird unsere Mobilität.
>
> Gunnar Nehrke, Bundesverband CarSharing e.V. (bcs)

> Komfortable, nachhaltige Mobilität braucht kein eigenes Fahrzeug: Bus und Bahn, PKW, Fahrrad, eBike, Lastenrad und eTretroller - die Mobilitätsvorlieben sind so vielfältig wie die Menschen. Geteilte Mobilität ist dabei besonders ressourcen- und platzschonend und leistet einen sehr wichtigen Beitrag für mehr lebenswerte Städte.
>
> Christine Wenzel, Director Public Sector DACH, TIER Mobility SE

„Sharing" klingt so schön modern anglizistisch, ist aber eigentlich ein schräger Begriff. Man praktiziert kein „sharing", also teilt nichts – mit Ausnahme des nachbarschaftlichen Carsharings – sondern mietet ein Fahrzeug: ultraspontan und flexibel durch das Angebot der „Free Floating-Flotten" in den Großstädten. Die frei zur Verfügung stehenden Fahrzeuge kann man meist in den Innenstädten überall anmieten und woanders wieder abstellen, eher selten oder nicht in den Außenbezirken. Sharing-Fahrzeuge sind zwar im engeren Sinne kein Angebot des öffentlichen Verkehrs, wir behandeln sie aber in diesem Teil mit, weil sie im Gegensatz zu Fahrzeugen im Privatbesitz öffentlich zugänglich sind.

Für immer mehr Menschen stellt sich auch durch das Sharing die Frage nach der Sinnhaftigkeit vom Fahrzeug-Besitz. Insbesondere der Pkw macht nicht nur Lust, sondern kann auch eine Last sein.

Die Kosten für den Fahrzeug-Unterhalt werden systematisch unterschätzt und die große automobile Freiheit ist nur um den Preis von Staus, Parkplatzsuche, Werkstattaufenthalten und Blechschäden zu haben. Umso verlockender wird es, die Vorteile des Autos (oder kleinerer Fahrzeuge wie Roller, Räder, Scooter) zu genießen, ohne sich mit den Nachteilen herumplagen zu müssen.

Warum dieses Modell so beliebt ist, zeigt exemplarisch eine Familie, die mit zwei fast erwachsenen Kindern im Vorort einer Großstadt wohnt. Die Eltern schafften das eigene Auto ab und zahlten die Unterhalts- und Spritkosten stattdessen in die „Verkehrskasse" der Familie. Aus der konnten sich alle Vier bedienen, um sich Autos und Fahrräder oder was auch immer nach Bedarf bis hin zum Urlaubsmietwagen zu mieten und damit alle Wege zu erledigen. Das Ergebnis: Monat für Monat blieb mehr in der Kasse übrig, als das eigene Auto früher gekostet hatte. Über die Zeit sammelt sich genügend Budget an, sodass auch öfter nochmal ein paar extra Taxifahrten drin sind.

Tatsächlich, so der Bundesverband Carsharing, haben die Nutzer des Carsharings mit festen Standorten ihren Pkw-Besitz halbiert – ein Carsharing-Fahrzeug ersetzt mehr als ein Dutzend Autos. Von der Politik forciertes Carsharing in Stadt und Land würde weit mehr Emissionen einsparen, als durch Tempolimits auf den Autobahnen prognostiziert wird.

Stichwort „Verkehrskasse": Auf ihr Arbeitgeber-Image bedachte Unternehmen gehen immer öfter dazu über, ihren Mitarbeitern anstelle des klassischen Firmenwagens ein Mobilitätsbudget zur Verfügung zu stellen. Die Mitarbeiter können dann selbst entscheiden, mit welchen Verkehrsmitteln sie unterwegs sind. Das Mobilitätsbudget führt vermehrt zum Umstieg auf die Öffentlichen oder Sharing-Alternativen und hat damit einen positiven Effekt auf die CO_2-Bilanz der Unternehmen.

Darüber hinaus runden Komplementärangebote wie das „Firmenrad" das Mobilitätsportfolio ab. Bei der Deutschen Bahn zum Beispiel ist das Firmenrad sehr beliebt. 50.000 Bahner – also jeder Vierte – haben sich inzwischen dafür entschieden; manche sogar gleich für ihre Familie, sodass rund 84.000 Firmenräder unterwegs sind.

Sharing in der Stadt

Frei flottierende und mietbare Fahrzeuge haben ebenfalls ein Potenzial, den städtischen Verkehr zu entlasten. Sie können aber auch gegenteilige Effekte haben. Kippt man in der City eine Schiffsladung E-Tretroller aus, wird das zur Belastung für viele, vor allem auf den Bürgersteigen, wenn es keine ausreichend dimensionierten Radwege und Abstellplätze gibt. Zudem kommen hier typischerweise die Außenbezirke zu kurz, weil der Sharing-Markt dort weniger lukrativ ist als in der Innenstadt.

Und es stellen sich weitere Fragen: Locken die „Sharing-Flotten" zum Umstieg (zum Beispiel auch aus proppevollen Bussen) und entlasten dadurch den innerstädtischen Verkehr? Oder erzeugen sie einen neuen, zusätzlichen Bequemlichkeitsverkehr, indem ehemals einfach zu Fuß beschrittene Wege jetzt mit einem motorisierten Fahrzeug zurückgelegt werden? Ebenfalls ist es möglich, dass Pkw im Sharing für zusätzlichen Autoverkehr sorgen, da Menschen ohne eigenen Pkw die Vorzüge der Mietfahrzeuge für sich entdecken. Wenn Carsharer mit „endlich ein Auto" oder „jetzt ein Auto" werben, dann verlockt das auch Ganzjahresradler eher mal, das Rad im Keller zu lassen und zusätzlichen Autoverkehr zu erzeugen. Beim „Floating-Sharing" handelt es sich um ein noch relativ neues Phänomen, das noch untersucht wird und sich einspielen muss. Mit der richtigen Dosierung der Menge und der Austarierung zwischen Innenstadt und Außenbezirken könnte das Modell einen wichtigen Beitrag zur Entlastung des städtischen Verkehrs leisten und den privaten Autoverkehr reduzieren.

Sharing auf dem Land

Viele Kommunen, kleine Gemeinden oder Dörfer bieten inzwischen Miet-Fahrzeuge für Bürger an. Das können Shuttles sein, nachbarschaftlich geteilte Fahrzeuge, E-Fahrräder oder E-Autos im kommunalen Besitz. Die Möglichkeit zu mieten statt zu besitzen, ist für viele Menschen auf dem Land eine große Hilfe. Vor allem Ältere, die sich hinterm Lenkrad des eigenen Pkw nicht mehr so sicher fühlen, können mobil bleiben, ohne selbst fahren zu müssen. Auch für die Jüngeren ohne eigenes Auto ist das Sharing attraktiv. Zudem ist es im ländlichen Raum generell zu begrüßen, wenn nicht mehr jeder Weg zwingend mit dem eigenen Auto zurückgelegt werden muss – oder durch Sharing das Zweit- oder Dritt-Auto abgeschafft werden kann. Entscheidend ist dafür, dass Bürgermeister und Landräte mit gutem Vorbild vorangehen und zum Mitmachen auffordern, sonst bleibt es ein gerne diskutiertes, aber für die Praxis irrelevantes Forschungsthema.

Wenn jeder nur an sich denkt,
ist keinem geholfen?!

"

Wer vor die Tür tritt, ist automatisch Verkehrsteilnehmer. Deshalb kochen die Emotionen so hoch. Es ist wichtig, auch die Perspektive der anderen einzunehmen, denn im Miteinander lassen sich die sehr unterschiedlichen Mobilitätsbedürfnisse besser zusammenbringen.

Manja Schreiner, Senatorin für Mobilität, Verkehr, Klimaschutz und Umwelt Berlin

Wir alle sind regelmäßig im Verkehr unterwegs, ohne uns dabei um das große Ganze den Kopf zu zerbrechen. Das ist völlig legitim, denn wir wollen ja alle einfach nur möglichst gut von hier nach da kommen. Es spricht aber auch nichts dagegen, einmal den Blick über den eigenen Lenker oder das Lenkrad hinaus zu öffnen.

Die Frage lautet, welche Auswirkungen die verschiedenen Verkehrsmittel auf die Allgemeinheit haben. In der Verkehrsforschung oder -planung misst man das anhand diverser Kriterien – unter anderen Platzverbrauch, Emissionen (CO_2, Schadstoffe, Reifen- und Bremsenabrieb), Strom- und Materialverbrauch, Kosten für den Nutzer und für den Steuerzahler, gesundheitsförderliche- oder schädigende Wirkung. Man kann sich das so vorstellen, als würde ein neutraler Außerirdischer mit völlig nüchternem Blick auf unseren Verkehr schauen. Es ergeben sich Bewertungen vom Auto, den Öffentlichen oder dem Fahrrad, die von unserer persönlichen Sicht mitunter stark abweichen. Schauen wir sie uns einmal in einem saloppen, unakademischen Vergleich an.

Fußgänger

Die energieeffizienteste und platzsparendste, die gesündeste und älteste aller Verkehrstechnologien: die eigenen zwei Beine. Kraftstoff-Verbrauch gleich null, dazu sehr wartungsarm, ab und an neue Absätze oder Schnürsenkel, außerdem gesundheitsförderlich (Man stelle sich einen Bus vor, dessen Zustand sich durch Nutzung verbessert, statt durch Verschleiß verschlechtert). Nachteil: Die eigenen Füße decken meistens nur die kürzeren Strecken ab, etwa in einem 1.500 m Radius. Fußgänger (und Radfahrer) verzeichnen durchschnittlich zwei Krankheitstage weniger pro Jahr und bringen gut vier bis sieben Kilo weniger auf die Waage als Autofahrer und Bus/Bahn-Nutzer.[23]

Fahrrad

Fast so gute Werte wie beim Zufußgehen, aber eine größere Reichweite: In der Stadt ist das Fahrrad meist die schnellste Art, um von A zu B zu kommen, und noch gesünder, weil es gleichzeitig Fortbewegungsmittel und Fitnessgerät ist. Was fehlt: Eine Heizung. Bei bester Radinfrastruktur fahren in Kopenhagen trotzdem drei von vier Sommer-Radlern auch im Winter. Fördert man das, wird es weniger eng in Bus und Bahn oder auf der Straße. Sitz- und Stehplätze werden frei für Autofahrer, die morgens weder eiskratzen, noch sich in ein kaltes Auto setzen wollen. Das Fahrrad ist meist bei Strecken von bis zu 10 km im Einsatz, mit durchschnittlichen Fahrstrecken mit Muskelkraft von 5,7 km Distanz, beim E-Bike etwas mehr.

Öffentlicher Verkehr

Trotz des Einsatzes schwerer Fahrzeuge, erreichen die Öffentlichen eine sehr gute Effizienz in Sachen Energie. Auch wenn sie bei weitem noch nicht klimaneutral sind und Platzbedarf herrscht: Man vergleiche 50 Personen in einem Bus mit 50 Personen in je einem Pkw, hier wird die Anti-Stau-Wirkung schnell klar. Die Öffentlichen decken kurze bis lange Strecken ab, jedoch mit Schwierigkeiten, alle Ecken und Winkel zu bedienen. Zu Spitzenzeiten eher voll, aber bei 20 bis 25 Prozent Durchschnittsauslastung (nach der Einführung des Deutschlandtickets) meistens noch viel Platz.

Der Pkw

Unschlagbar großer Platzbedarf im Pkw,, dazu maximal ineffizienter Energieeinsatz (beim Verbrenner). Das liegt wesentlich in der Art der Nutzung (im Schnitt 1,1 Personen pro Pkw, dazu Flächenverbrauch plus rund 23 ½ Stunden Stehzeit pro Tag). Das macht das Auto in der Stadt, aus der nüchternen Betrachtung, zum Verkehrsmittel mit dem größten „Fußabdruck" für die Allgemeinheit, also den größten Privilegien auf Kosten anderer. Wie an anderer Stelle schon gesagt, kommt eine vierköpfige Familie im Auto auf eine bessere Energiebilanz als im ICE mit Durchschnittsenergiemix des Bahnkonzerns. Und im Sharing-Modell sieht die Sache wieder ganz anders aus. Außerdem spricht die Ineffizienz natürlich aus der Brille der Verkehrsforschung und bedeutet für den Autobesitzer keine Beeinträchtigung. Stattdessen ist der persönliche Pkw flexibel, praktisch, privat. Auch wenn die Hälfte aller Autofahrten unter 5 km liegen, machen aus Klimaschutz-Sicht die Fahrten jenseits der 10 km-Marke 75 Prozent der städtischen Verkehrsemissionen im Personenverkehr aus.

Kombinationen

Neue und bessere Verknüpfungen der Verkehrsmittel können die Vorteile einzelner Verkehrsmittel noch verstärken. Fahrradstellplätze und Bike-Sharing an Bahnhöfen sorgen für mehr Nutzung von Fahrrad und Bahnen (Bike + Ride). Auch das Auto lässt sich mit Park + Ride-Angeboten mit Bahnen kombinieren. Hier kann und sollte noch viel ausgebaut werden.

Das grundsätzliche Ziel aus der fachlichen Verkehrsperspektive liegt darin, dass mehr Wegstrecken mit weniger Auswirkungen auf die Allgemeinheit zurückgelegt werden sollten. Das gilt insbesondere für den schädlichen Einfluss auf die Allgemeinheit, das Gemeingut. An dieser Stelle könnten bei einem Teil unseres Publikums jetzt die Alarmglocken schrillen. Aber keine Sorge, wir sind keine Hobby-Kommunisten, die Ihnen die Vorfahrt des Kollektivs diktieren wollten.

Es geht vielmehr darum, einmal den Blick für das Verhältnis zwischen individuellem Verhalten und dessen Auswirkungen auf die Allgemeinheit zu weiten. Denn dieses Verhältnis muss bisweilen – so wie heute – neu austariert werden, wenn es in Teilen in ein Missverhältnis kippt und es deswegen in der Gesellschaft „rumpelt". Der enorme Platzbedarf der wachsenden Menge an Pkw in den Städten ist dafür das typische und viel Ärger provozierende Beispiel. Hinzu kommen die schädlichen Auswirkungen auf die Allgemeinheit wie CO_2-Emissionen oder Luftverschmutzung.

Muss dieser Ärger sein? Zumindest nicht in diesem Ausmaß. Unser Rolf mag einwenden, dass es wohl kaum um das Gemeingut geht, wenn unsere Wendy mehr Platz für ihr Fahrrad und weniger Raum für sein Auto fordert. Hier geht's doch klar um „meins oder deins?" Ja und nein. Zahlreiche Bürgerräte aus ganz verschiedenen Bereichen unserer Gesellschaft zeigen immer wieder, dass die Menschen gerne bereit sind, über ihre rein persönliche Perspektive hinaus zu denken. Hier kommen repräsentativ und per Los ausgewählte Bürger zusammen, darunter auch ausreichend Vertreter der Wendy- und Rolf-Fraktion, die ihre Gemeinsamkeiten entdecken und schließlich zu Empfehlungen kommen, die weit weniger das jeweils eigene Interesse bedienen, aber gut für uns alle sind.

Mehr „Gemeingutschonender" Verkehr führt zu weniger Kollateralschäden für die Allgemeinheit, zu weniger Konflikten und mehr Miteinander im Umgang mit unseren gemeinsamen Lebensgrundlagen und Ressourcen. Wächst die Menge an Optionen für die persönlichen Wege, mündet das in mehr Bewegungsfreiheit, also in mehr „freie Wahl für freie Bürger". Da weiterhin Autofahren kann, wer will, wird niemand eingeschränkt – auch wenn Rolf an dieser Stelle nicht ganz ohne Restzweifel verbleiben dürfte, dass man ihn mit so einem Gemeingut-Manöver austricksen und vom Auto abbringen wollte. Diese Zweifel lassen sich wohl nie völlig ausräumen. Aber die allgemeine und die individuelle Perspektive können sich durchaus besser miteinander vertragen, als man bei unseren regelmäßigen Streitereien glauben wollte.

Speziell beim Auto sind wir als Gesellschaft in eine zwiespältige Lage geraten. Einerseits setzen wir für den Pkw immer noch massive Anreize, andererseits stellen wir ihn – in den Städten wohlbemerkt – wegen seiner Auswirkungen und der massenhaften Vermehrung gleichzeitig immer mehr in Frage. Deswegen würden wir vorschlagen: Freie Fahrt für alle, die wirklich am Auto hängen, und freie Wahl für alle anderen mit besseren Möglichkeiten. Dann klappt's auch mit dem Gemeingut.

Verkehrswende fällt aus, Kulturkampf auch

"

> *Moderne Arbeitgeber beenden den Kulturkampf ganz einfach – mit attraktiven Angeboten. Wer Räder anbietet, wird Radverkehr ernten, so einfach ist das bei der Wahl zwischen Firmenwagen und anderen nachhaltigeren und gesünderen Mobilitätsangeboten, wie zum Beispiel das Fahrrad.*
>
> *Lars Hünninghausen, Leiter Beschäftigungsbedingungen und Sozialpolitik - Grundsätze Vergütung, Nebenleistungen und Arbeitszeit (HBP), Deutsche Bahn AG*

> *Allein die Gegner einer vernünftigen Verkehrspolitik führen einen Kulturkampf: Für ihren exklusiven Auto-Lifestyle und gegen alle anderen. Sie riskieren eigennützig die Freiheit, Sicherheit und Zukunft von Menschen. Mein Appell: Beendet den Kampf.*
>
> *Dr. Kerstin Stark, Vorstandsmitglied Changing Cities e.V.*

Kehren wir nach Bahn, Bahnen und Bussen wieder auf die Straße zurück, also zum „Hauptschlachtfeld" unseres Kulturkampfes.

Ein Unternehmer schrieb kürzlich im Handelsblatt: *„Im Moment wird der eigene Fanclub bedient: Urbane, autolose Grünwähler in Mietwohnungen mit bester Verkehrsanbindung würden ihren Mitbürgern gerne vorschreiben, kein Auto zu fahren. Und wenn doch, dann welches und wie schnell."*

Eine Verkehrsaktivistin sagte kürzlich: *„Mit Entfernungspauschale, womöglich sogar noch Dienstwagenprivilieg, wollen staatlich gepamperte Autopendler den verstopften Innenstädten weiter ihre Blechkisten (gerne auch mal SUVs), den Lärm, die Luftverschmutzung und Unfälle aufdrücken, während sie dann abends in ihren Häusern die Ruhe der Außenbezirke und die frische Landluft im Speckgürtel genießen."*

Da wäre er also wieder, der Kulturkampf, oder? Moment! Sehen Sie den hier wirklich? Obwohl wir ja ausführlich über die intensiven Gefühle gesprochen haben, die beim Auto im Spiel sind und die unsere Debatten darüber emotional aufladen: Hier geht's doch ganz einfach darum, dass der eine sich nicht seine automobile Bewegungsfreiheit einschränken lassen will und die andere nicht ihre Lebensqualität. Ein klassischer Konflikt im Sinne der persönlichen Freiheit der einen, die da endet, wo sie die Freiheit der anderen beschneidet. Man muss keinen weltanschaulichen Überbau bemühen, um die Menge der Autos in der Innenstadt als nicht mehr hinnehmbar oder auf der anderen Seite den Angriff auf das automobile Gewohnheitsrecht als inakzeptabel zu empfinden. Wenn sich zwei Autofahrer um einen Parkplatz balgen, brauchen sie dafür üblicherweise ebenso wenig ideologische Argumente.

Ist dieser ganze Kulturkampf also eher inszeniert als real? Bis zu einem gewissen Maß lässt sich das öffentlich besichtigen. Die Ideologie-Keule erweist sich immer wieder als wirksames Werkzeug, wenn man damit bestimmte Interessen verfolgen will. Einige Medien mit reißerischem Geschäftsmodell setzen darauf. Manche Politiker wollen damit beim eigenen Wahlvolk punkten. Und wer Veränderungen verhindern will, ist mit der Kulturkampf-Inszenierung immer gut beraten. Nicht wenige TV-Talkshows perfektionieren diese Dramaturgie, indem sie grundsätzlich nur Gesprächsgäste einladen, die laute Töne und maximalen Kontrast versprechen. Moderate Stimmen müssen hier leider draußen bleiben, wie Heinrich aus eigener Erfahrung nach Vorinterviews für Talkshows berichten kann.

Aber wie können wir Verkehrsfrieden schaffen ohne ideologische Waffen?

Dass es auch anders geht, haben neulich ein Porsche-Fan und Heinrich als Studiogäste in einem TV-Talk demonstriert. Dem „seriösen Verkehrsaktivisten" auf der einen und dem „harten Auto-Tuning-PS-Fan" auf der anderen Seite, ist das Kunststück gelungen, sich eine Dreiviertelstunde lang über Verkehr zu unterhalten, ohne dass Blut floss. Natürlich sind die beiden danach nicht Händchen haltend gen Sonnenuntergang geritten, aber man hat sich gegenseitig zugehört und zumindest nachvollziehen können, wie die Gegenseite tickt.

95

Das führt uns zu unseren zwei Thesen:

- Erstens: Wir alle können den Kulturkampf um die Straßen gewinnen, indem wir aufhören, ihn zu führen.
- Zweitens: Wir hören nicht mehr den „Lautsprechern" beim Hupen zu, sondern den gemäßigten Wendys und Rolfs.

Denn: Die große Schlacht zwischen pro „versus contra Auto-Fraktionen" verlieren wir alle. Niemand wird jemals demokratische Mehrheiten für eine der beiden Seiten organisieren können. Und wegdiskutiert kriegen wir das erst recht nicht, wie die giftigen Debatten zeigen.

Verkehrsreformen statt Verkehrswende

Wir hatten weiter oben die Frage gestellt, was genau eigentlich eine oder die Verkehrswende sein soll.

Beim Segeln ist eine Wende ein radikales Manöver mit starkem Richtungswechsel, bei dem jeder Handgriff sitzen muss. Eingeleitet mit einer klaren Entscheidung und dem Signal zum Start. 15 Sekunden später ist das Boot auf neuem Kurs. Spätestens dann legt sich die Aufregung und alle schippern wieder gemütlich vor sich hin. Im Verkehr ist sowas kaum bekannt – mit Ausnahme der belgischen Stadt Gent, die innerhalb von 48h die gesamte Innenstadt autofrei gemacht hat. Das wurde im Vorfeld akribisch geplant, verständlich kommuniziert und dann trotz erwartbarer und unbekannter Widerstände entschlossen umgesetzt. Fazit: Eine wirkliche und mutige Verkehrswende. Auf Morddrohungen folgte Begeisterung. Der für Mobilität und dieses Projekt zuständige Bürgermeister wurde wiedergewählt.

Bei einem solchen „Wende"-Begriff klingt immer die Assoziation an, dass möglichst bald möglichst alles ganz anders sein soll; gerne schon morgen früh. Ein radikaler Kurswechsel wie bei der Segel-Wende. Ein Hauch von Utopie liegt in der Luft – mit allen Nachteilen von utopischen Vorstellungen. Sie liegen meist weit in der Zukunft und bewirken in der Gegenwart oft das Gegenteil von dem, was sie erreichen wollen.

Ein utopisches Ideal lähmt eher, als dass es motiviert. Ganz zu schweigen davon, dass ein großer Teil der Menschen eigentlich gar keine Veränderungen wünscht und sich von den Wunschbildern anderer eher unangenehm pädagogisch angegangen fühlt. Aber selbst wenn alle mit dem Ziel übereinstimmen würden, wären die Anstrengungen überfordernd. Und da ganz sicher nicht alle einverstanden sind, verstärkt die gut gemeinte Utopie zudem die gesellschaftliche Lagerbildung. Die gute Nachricht: Es kann auch ohne Utopien gehen.

Wir möchten vorschlagen, dass wir uns vom Kaliber einer wie auch immer gearteten „Wende" verabschieden – nicht nur technisch, vor allem auch sprachlich. Wenn Sie zum Beispiel Ihre Wohnung renovieren, reden Sie wahrscheinlich nicht von Ihrer persönlichen, großen Wohnungswende, sondern von endlich mal frisch gestrichenen Zimmern.

Lassen Sie uns doch analog dazu ganz einfach von Verkehrsreformen sprechen – Reformen in der Mehrzahl, nicht die eine Reform – und damit gegenwärtige Verbesserungen meinen, die nicht in ferner Zukunft liegen, sondern wortwörtlich vor unser aller Haustür. Maßnahmen, mit denen wir Stück für Stück die heutigen Probleme unseres Verkehrssystems angehen, die eine gewisse Anstrengung erfordern und deren Wirkung wir im gewünschten Sinne auch unmittelbar verstehen und spüren können. Wir möchten anregen, lieber an zahlreichen realen Stellschrauben zu drehen, anstatt am übergroßen, eher illusorischen und die Gesellschaft spaltenden Rad. Wie wär's mit Machertum und Ingenieursgeist statt großer strittiger Visionen? Also, wie im Vorwort gesagt, Stück für Stück kleinere Dinge zu verbessern, um nicht am ganz großen Rad drehen zu müssen?

Je konkreter, sichtbarer und verständlicher Verkehrsreformen sind, desto mehr bremsen sie auch die Kulturkampf-Inszenierung aus und nehmen Druck aus dem Kessel.

Wie könnten diese Reformen aussehen? Kommen wir noch einmal auf das Beispiel Gent zurück. So etwas wäre doch undenkbar in einer deutschen Stadt, oder? Nicht ganz. Rolf, du musst jetzt noch einmal sehr stark sein. Es folgt scheinbar der blanke Horror für dich. Der Eindruck täuscht aber.

Im September 2023 schreibt spiegel online[24]: *„So will Hannover seine, nahezu auto-freie, Innenstadt bauen – Hannovers grüner Oberbürgermeister, Belit Onay, möchte den Autoverkehr radikal reduzieren. „Möglichst überall" soll im Zentrum Tempo 20 gelten, Ampeln und Parkplätze fallen weg – doch es ist „noch viel mehr geplant".* „Autofrei" heißt laut Bürgermeister Onay, dass kein Auto zu viel in der Stadt sein soll.

Der TAGESSPIEGEL[25] schreibt: *„Als Reaktion kam nicht wenig Kritik, aber auch ei-niges an Lob. „In den vergangenen zwei Jahren haben wir uns eine Akzeptanz für diese Herangehensweise erstritten und trotz der kritischen Stimmen viel Zuspruch bekommen", sagt Onay selbstbewusst. „Die Stadt verspricht sich davon nicht zu-letzt, den darbenden Einzelhandel wiederzubeleben. Durch den Umbau des zent-ralen Steintorplatzes konnte bereits eine große Bekleidungskette als neuer Mieter gewonnen werden."*

Entscheidend ist, dass die Politik auf eine positive Kommunikation setzt. Stra-ßen werden nicht gesperrt, sondern für andere Nutzungen geöffnet. Zudem wird der Prozess mit Bürgerversammlungen begleitet. Zitat TAGESSPIEGEL: *„Onay rät Städten, die Ähnliches vorhaben, sofort auch mit den Skeptikern ins Gespräch zu kommen, denn: ‚Viele Ängste sind im Grunde Phantomschmerzen und nicht real.'"*

Also doch eine „Wende"? Schon, aber eine, die sich über Jahre hinzieht und nur einen wirklich überschaubaren Bereich der Innenstadt betrifft, der wiederbelebt wird. Durchfahrtstraßen gab es da ohnehin schon nicht mehr und anstelle der we-nigen entfallenden Parkplätze bieten die meist nur zur Hälfte ausgelasteten Park-häuser ausreichend Platz. Außerdem sitzen Wendy und Rolf hier vielleicht nicht vollständig im selben Boot, aber zusammen in den selben Bürgerversammlungen. In diesen haben sie sich offensichtlich weitgehend einig werden können. Wir möchten das aber nicht schmälern. Hannover liefert ein schönes Beispiel, dass auch bei uns weit mehr „Wende" möglich ist, als man erwarten würde. (Auch wenn wir statt „autofrei" lieber von einem „Innenstadt-Booster" oder etwas in der Art reden würden.)

Auch sonst gibt es überraschende Drehs, mit denen das scheinbar Unmögliche gelingt: zum Beispiel manch einen Autofahrer für weniger Autoverkehr zu begeistern. Womit wir beim Stichwort „begeistern" sind. Wie wäre es, wenn es für möglichst alle Verkehrsteilnehmer mehr Spaß macht oder wenigstens weniger anstrengend ist, unterwegs zu sein? Und es ganz neue Anreize gibt, anders unterwegs zu sein, weil es zum Beispiel günstiger, effizienter oder komfortabler ist? Schauen wir in den folgenden Kapiteln mal, wie das gehen könnte.

Transformation bedeutet Veränderung und das löst bei vielen Menschen zunächst einmal Ängste und Widerstände aus. Gewohnte und erlernte Verhaltensweisen zu verändern, fällt schwer. Das liegt in der menschlichen Natur. Daher ist eine Kommunikation, die den Fokus auf die positiven Effekte dieser Veränderung legt, besonders wichtig. Es muss deutlich werden, dass Veränderung eben auch Veränderung zum Positiven bedeuten kann.
Anja Floetenmeyer-Woltmann, Geschäftsführerin Klimaschutzagentur Region Hannover GmbH

Verkehrspolitik sollte ganz bewusst nicht belehren, nicht bevorteilen, sondern die qualitativ bestmögliche Infrastruktur schaffen, bei der die Bürger selbst wählen wie sie am besten von A nach B kommen.
Thomas Heilmann MdB, Vorsitzender der KlimaUnion e.V.

Eine Verkehrssprechwende
Freie Wahl für freie Bürger

Fußgänger ärgern sich über Autofahrer und Fahrradfahrer, Fahrradfahrer über Autofahrer, Autofahrer über Fahrradfahrer. Und fast jeder und jede war schon alles. Wie wäre es mit klar einzuhaltenden Spielregeln und darüber hinaus gegenseitige Rücksichtnahme und Verständnis? Das wäre ein gutes Fundament für das Miteinander im Verkehr.

Verena Göppert, Stellvertretende Hauptgeschäftsführerin des Deutschen Städtetags

Wir plädieren für pragmatische Reformen, anstelle einer kompletten Revolution des Ganzen. Denn je größer die Forderung auf der einen Seite („Verkehrswende jetzt!"), desto größer die Überforderung auf der anderen Seite („Morgen sollen wir alle Lastenrad fahren, oder wie?"). Also, wie sprechen wir sonst im und über den Verkehr? Wie klingt der übliche "Verkehrswende-Jargon"?

Ein Beispiel:
Die Dreijährige – begeisterte Bobbycar-Pilotin – ist nicht amüsiert. Mami und Papi haben ihr beim Frühstück verkündet, dass sie Flächen rund ums Haus der Familie umwidmen wollen. Was „umwidmen" bedeutet, ist der Kleinen natürlich klar: Es geht mal wieder gegen das Bobbycar. Die Dreijährige ärgert sich, dass im Zuge der Umwidmung Teile von Terrasse und Garten in Gemüsebeete verwandelt werden sollen, was weniger Platz für den Bobbycar-Verkehr auf dem heimischen Grundstück bedeutet. Na toll! Noch mehr nervt die Tochter aber, dass die Eltern ihr das mit einer so verquasten Sprache andrehen wollen. Warum reden sie von „umwidmen" und sagen nicht einfach geradeheraus, was Sache ist?

Auch im größeren Stil wie im Stadtverkehr fallen oft Begriffe wie „umwidmen" oder „verlagern"; gerne genutzt von Verwaltung, Politikern und Aktivisten. Die scheinbar neutralen Termini stammen aus der Planung oder Verkehrsforschung, werden aber oft von der Politik übernommen und von Autofahrern völlig zurecht als vertuschend empfunden. „Umwidmen" kann in der dicht gedrängten Innenstadt gar nichts anderes heißen, als dass dem Kraftverkehr Flächen genommen und anders genutzt werden. Auch hier also die Frage: Warum nicht Klartext sprechen?

Dass das durchaus geht, demonstrierte im April 2023 die frisch designierte Berliner Verkehrssenatorin Manja Schreiner (CDU). In einem Zeitungsinterview sprach sie davon, dass es auch ihr Ziel sei, den Autoverkehr in der Stadt einzudämmen. Erfrischend ehrliche Worte, inhaltlich selten gehört aus den Reihen der CDU – und mehrmals wiederholt. Zusätzlich ungewöhnlich: Es gab weder ein aus den eigenen Reihen erzwungenes Zurückrudern, noch einen Protest seitens der Springer-Presse. Vielleicht hätte es die entsprechenden Schlagzeilen gegeben, wenn die Senatorin nicht ehrlich von „eindämmen", sondern eben verschleiernd von „umwidmen" gesprochen hätte. Wer weiß. Ein gelungenes Beispiel für Käpt'n Klartext.

Achtung, Öko-Alarm!

Als wäre es nicht schon genug, dass die Radfahrer in den Städten mehr Fläche für sich wollen, lassen sich zunehmend lautere Forderungen nach mehr Grün in der Stadt vernehmen. Auch diese Begrünungen beanspruchen Platz, der nur auf Kosten des Straßenverkehrs geschaffen werden kann. Also Bäume statt Parkplätze – ein weiteres typisches Attentat von urbanen Öko-Hüpfern auf den Autoverkehr? Erlauben Sie uns dazu ein persönliches Wort als Betroffene: Stadtbegrünung ist keine Frage von lebenswerten Innenstädten, sondern von überlebensfähigen Innenstädtern. Das kühlende Grünzeug bietet die effizienteste und bezahlbarste Möglichkeit, unsere Städte vor der zunehmenden Hitze zu schützen. Wenn Sie zum Beispiel auf dem Land leben, führen Sie sich bitte vor Augen, dass der Temperatur-Unterschied zu städtischen Hitzeinseln rund 10 Grad betragen kann. Wenn Sie also draußen einen Sommertag mit 32 Grad genießen, werden wir in der City bei 42 Grad gegrillt. Dass das ein ernstes Thema ist, belegt die wachsende Zahl der Hitzetoten – in Berlin inzwischen zehnmal mehr als Verkehrstote pro Jahr, Tendenz steigend. Stadtbegrünung ist kein „nice to have", sondern Bevölkerungsschutz. Neben der Kühlungswirkung bietet das Grünzeug noch die Schwammwirkung bei Starkregen, der zunehmend häufiger und heftiger auftritt. Wie schön wäre eine vollgesogene Grünfläche statt eines vollgelaufenen Kellers oder weggeschwemmter Autos? Die Bilder dazu häufen sich. Wer's nicht glaubt, einfach mal im Netz unter „Starkregen Autos" suchen.

Davon abgesehen wird Verkehr zum Beispiel beruhigt, gelenkt oder geleitet, oft ohne dass sich bei uns Verkehrsteilnehmern der entsprechende Eindruck oder ein entsprechendes Gefühl einstellen würde. Und wären Sie als Autofahrer eigentlich auch für mehr „Flächengerechtigkeit"? In den Städten kommt noch eine neue Variante der „Umwidmung" von öffentlichem Raum hinzu; nämlich Straßenflächen für die „Stadtbegrünung" umzunutzen (siehe unser Kommentar bei „Achtung, Öko-Alarm!").

Darüberhinaus gießt sich eine Flut von schönen neuen Verkehrsversprechen über uns aus. Da gibt es „Park + Ride", „Ride + Share", „Share + Park" oder so. Letztlich kann sich heute jeder mittels diverser Apps seinen intelligenten, individuellen Verkehrsmix zusammenstellen. Besuchen Sie doch einmal unser neues „Mobility Hub". Und natürlich ist alles immer ganz doll „smart".

Was für die einen nach der verlockenden digitalen Moderne klingt, schreckt andere ab. Denn das Schöne am eigenen Auto ist doch, dass man eben jederzeit losfahren kann – ganz ohne App. Viele ältere Leute und alle, die sich nicht als geborene „Digital Natives" sehen, fühlen sich eher überfordert von den schillernden neuen Angeboten – selbst wenn diese noch so sehr auf einfache und intuitive Nutzung ausgelegt sind. Einmal ganz abgesehen davon, dass neuere Pkw mit ihrer geballten Bordelektronik und digitalem Entertainment das herkömmliche Autofahren überlagern und man bisher noch auf Statistiken wartet, wie viele Unfälle durch digitales Gedaddel verursacht werden.

Selbst unsere Autokonzerne sprechen schon seit Jahren davon, sich in moderne, multiple Mobilitätsdienstleister verwandeln zu wollen, anstatt wie früher einfach nur Autos zu verkaufen. Und die chinesischen E-Auto-Startups rollen gerade global die Märkte auf mit Fahrzeugen, die man eher fahrende „Co-Working-Places" oder „Entertainment-Spaces" als Auto nennen könnte. Wir beobachten hier – einmal ganz unabhängig von „Verkehrswende" – einen kulturellen und technologischen Wandel, der sich auch in der Sprache widerspiegelt, dem aber nicht alle gleichermaßen folgen wollen und können. Auch das spielt eine Rolle bei der Akzeptanz von Veränderungen, die von vielen als befremdlich neuartig empfunden werden. Manche wollen eben einfach nur Autofahren, wie früher. Wer kann's ihnen verdenken?

Kommen wir wieder zurück auf die Straße, auf der es ganz handfest ans Eingemachte geht. Neben der Wortwahl machen natürlich auch die Tonart und die Lautstärke die Musik. Im Verkehr kennen wir alle solche Begegnungen, egal womit und wie wir unterwegs sind. Wir selbst halten uns für die anständigen und höflichen Verkehrsteilnehmer, die immer mal wieder mit denen zusammenrasseln, die sich nicht an die Regeln halten. Es gibt genauso aggressive Rad-, wie Auto- oder sonst was -fahrer. Sie stellen die kleine Minderheit, die durch ihre Lautstärke aber den Ton setzt, durch ihr Verhalten die Stimmung vergiftet und auf die Allgemeinheit der Radfahrer oder der Autofahrer übertragen wird.

Autofahrer gehen vorsichtshalber von Kampfradlern aus und Radfahrer sind schon vorab auf Auto-Machos wütend. Tatsächlich benehmen wir uns in den allermeisten Fällen aber umgänglich im Verkehr, also schlicht normal bis höflich, wenn man so will.

Wie auf der Straße, so in den Medien und der Öffentlichkeit: Auch hier gibt eine laute Minderheit den Ton an. Politiker, die sich mit Polarisierung profilieren; Medien, die für Reichweite jede Skrupel über Bord werfen; dazu diverse Click-Bait-Hupen mit großer Fan-Gemeinde und natürlich wir „Otto-Normal-User", die wir in den Social Media-Kanälen sprachlich eskalieren, wie wir es im „Real-Life" niemals tun würden. Hier zählt zum Beispiel die Unterstellung „Autohass" zum Evergreen einer jeden (Nicht-) Diskussion. Es mag Autofahrer geben, die das andauernde „Weniger Auto!" nicht nachvollziehen können, aber die „Autohass-Keule" erweist sich für andere als eine wirksame Waffe, um jegliche vernünftige Auseinandersetzung mit Veränderungen im Verkehr zu blockieren, die eigene Seite als Opfer zu stilisieren und die Reihen der „Unterdrückten" geschlossen um sich zu scharen.

Krawallreduktion auf allen Seiten

> Verkehrswende ist, wenn alle in Stadt und Land die Wahl haben, wie sie gut, sicher und umweltfreundlich unterwegs sein können. Es tut gut, bei der Diskussion über Bus, Bahn, Fahrrad und Zufuß, statt Auto, kommunikativ „abzurüsten".
>
> Kerstin Haarmann, Bundesvorsitzende Verkehrsclub Deutschland e.V.

Der tägliche Zentral-Alarm – Darf's noch ein Komplexitätsreduktiönchen sein?

Auf der einen Seite ein Zeitungs-Zitat einer prominenten „pro-Auto-Krawall-Hupe", auf der anderen Seite die nicht minder laute Wortmeldung eines bekannten Vertreters der Gegenseite, der im August 2023 mit diesen Worten unser Buchprojekt kommentierte. Die Wortmeldungen sind exemplarisch.

> Autohasser zerstören die Freude am Fortschritt: Wir werden Wohlstand und Sozialstaat künftig weder mit Fahrradläden noch U-Bahn-Werkstätten erwirtschaften.

> Soll ich ehrlich sein? Klingt furchtbar! Echt! Radikale Veränderungen sind noch nie erkuschelt worden! „Ohne Autohass!" Meine Fresse! Hätten die Suffragetten damals derart täterschonend agiert, Frauen hätten bis heute noch kein Wahlrecht.

Wir würden uns gerne genau in der Mitte zwischen diesen beiden Positionen einsortieren. Könnten wir nicht einfach mal den Ball flach halten, die Kirche im Dorf lassen, auf dem Teppich bleiben? Anstatt die größtmöglichen Geschütze aufzufahren?

Aber auf der einen Seite geht's gleich mal dem Fortschritt und unserem Wohlstand insgesamt an den Kragen, auf der anderen Seite werden Autofahrer zu Tätern und der Kampf gegen das Auto wird zum Heldenepos in der Größenordnung der Frauenrechtsbewegung. Katja Diehl, die Autorin des Buchs „Autokorrektur", der laut eigener Aussage – vielleicht allein schon wegen des Buchtitels – Autohass unterstellt wird, wurde mit Morddrohungen bedacht. Lassen Sie das ruhig einen Moment auf sich wirken: Morddrohungen!

Auf der Strecke bleiben die leiseren, gemäßigteren, konstruktiveren Stimmen. Tja, so funktioniert nunmal die sogenannte Aufmerksamkeitsökonomie. Das Problem: Polarisierung stärkt den Status quo. Je radikaler und lauter die Extremen auftreten, desto weniger wird die besonnene Mitte gehört, desto weniger handlungsfähig werden wir als Gesellschaft. Es scheint paradox, aber auch der Vertreter des radikalen Anti-Auto-Flügels trägt zur Betonierung der Verhältnisse bei. Schwarzweiß-Denken wirkt zwar vermeintlich gegen Komplexität und fühlt sich in der eigenen Blase gut an, schafft die Probleme aber nicht aus der Welt und bringt uns absolut nicht voran. So sehen wir das zumindest.

Aber selbst wenn man es nicht mit technischen Begriffen verklausuliert oder sich in polemischen Gemetzeln verliert, sondern es offen ausspricht: Der Konflikt an sich lässt sich sprachlich nur wenig mindern, schon gar nicht lösen. Es geht um eine veränderte Verteilung von Flächen – in der Stadt wohlbemerkt, aber auch auf den Landstraßen oder engen Ortsdurchfahrten. Es geht um eine Frage der Haltung, die sich selbstverständlich auch höflich, klar und einnehmend kommunizieren lässt.

Dazu eine kurze Anmerkung: In Diskussionen oder auch in diversen Publikationen scheint der Verkehr auf dem Land nur ein peripheres Thema zu sein, falls es überhaupt behandelt wird. Der Grund dafür liegt aber nicht in urbaner Überheblichkeit oder mangelnder Bedeutung der ländlichen Regionen. Der Brennpunkt des Verkehrs und der Veränderungen liegt zum Einen besonders in den Städten. Das ist ganz einfach dem begrenzten Raum geschuldet, der die Frage der Verteilung dieses Raumes stellt – eine Frage, die auf dem Land auf andere Weise relevant ist. Hier fordert auch kaum jemand „weniger Auto", da fast alle selbst mit dem Auto unterwegs sind, aber in fast allen engen Ortsdurchfahrten finden sich Schilder, die sich über den Dauerlärm empören. Davon abgesehen würden wir Städter nicht mal im Ansatz auf die Idee kommen, Ihnen auf dem Land ein „weniger Auto" verordnen zu wollen.

Zurück in die Stadt: Es geht also ganz eindeutig um weniger Platz fürs Auto, um einen klaren Verstoß gegen das „freie Fahrt für freie Bürger"-Prinzip. Lässt sich das wirklich so allgemein sagen, wie es der Aufruhr glauben macht?

Von Auto-Liebe bis Auto-Zwang

„Die Autofahrer" sind, wie man nicht oft genug betonen kann, keineswegs eine homogene Gruppe mit einvernehmlichen Interessen. Im Gegenteil könnte der Gegensatz zwischen Auto-Fans oder einem „Auto-Umland-Pendler-Lebensmodell" und denjenigen, die gerne aufs Auto verzichten würden, es aber nicht können, größer kaum sein. Selbst überzeugte Autofahrer, in zum Beispiel einem städtischen Außenbezirk, lassen sich ohne weiteres für neue Fahrradwege begeistern, wenn sie dadurch nicht mehr ihre Kinder durch die Gegend kutschieren müssen. Und Umfragen zeigen regelmäßig, dass sich vier Fünftel aller Europäer gerne eine Verkehrswelt wünschen, in der sie nicht auf das Auto angewiesen sein müssen.

Trotzdem kommen wir hier an einen Schmerzpunkt, den wir nicht wegdiskutieren und genauso wenig ignorieren wollen. Niemand möchte sich etwas nehmen lassen. Für viele Autofahrer in der Stadt fühlt sich die „Umwidmung" wie Freiheitsberaubung an. Das ist völlig nachvollziehbar, denn es wird ihnen sehr konkret etwas genommen; nämlich Fläche in Form von Fahrspuren oder Parkplätzen, oft direkt vor ihrer Haustür oder Wohnung. Allerdings muss auch der Autofahrer berücksichtigen, von welchem Niveau aus hier etwas – Achtung, noch krasserer Begriff! – „umverteilt" werden soll. Eine geänderte Verteilung von Flächen beginnt ja nicht bei null, sondern bei einer über Jahrzehnte etablierten, drastischen Asymmetrie zugunsten des motorisierten Straßenverkehrs. Im „Flächengerechtigkeitsreport", den Heinrich 2014 veröffentlichte, wurden 200 Straßen vermessen. Das Ergebnis: Knapp 60 Prozent des Berliner Straßenraums ist für den Kfz-Verkehr reserviert, nur 3 Prozent für die Radfahrer, obwohl schon damals in der Stadt längst mehr Rad als Auto gefahren wurde.

Aber wie entkommen wir dieser schmerzhaften „Freiheitsberaubung"? Der gesellschaftliche Konflikt liegt darin, dass die liebgewonnenen Privilegien („freie Fahrt für freie Bürger = Auto") andere Verkehrsteilnehmer in ihrer Bewegungsfreiheit beschränken (zu wenig Platz für alles, was nicht Auto ist). Wessen Freiheit wiegt schwerer? Wir könnten jetzt zig Argumente anbringen, warum Autofahrer bitteschön zu akzeptieren haben, dass ihre Privilegien nicht mehr haltbar sind. Oder wir könnten den Spieß umdrehen und unsere Auto-Fans um eine Rechtfertigungsumkehr bitten: „Auf welcher Basis können Sie uns überzeugend darlegen, warum wir als Gesellschaft Ihnen weiterhin Ihre Privilegien einräumen und dafür bezahlen sollten? Oder warum wir allen, die gerne aufs Auto verzichten würden, keine andere Wahl bieten? Wie begründen Sie das?" Aber damit würden wir selbst in die Falle laufen, die wir im ersten Teil dieses Buches beschrieben haben: Ein solcher Konflikt lässt sich mit Argumenten allein nicht lösen.

Aber mit Taten. In den nächsten Kapiteln schauen wir uns ein paar Beispiele an: Was erzeugt Ärger? Wo liegen die Missverständnisse? Und gibt es auch Maßnahmen, bei denen sich der Ärger auch der hartgesottensten Autofahrer wenn man es gut plant und umsetzt, schnell in Luft auflösen kann? Vielmehr weicht die ganze Aufregung schnell einem allgemeinen „War was?!". Die Einrichtung von Fußgängerzonen in den Innenstädten in den 70er Jahren führte zu einer steigenden Attraktivität, die bald kein Händler mehr zurückdrehen wollte. Die Sperrung des Brandenburger Tors in Berlin für den Kraftverkehr? Nach einem halben Jahr oder anderthalb Jahren längst vergessen.

Das Ziel liegt in einem Wechsel der Vorfahrt. Statt „freie Fahrt für freie Bürger" heißt es: „Freie Wahl für freie Bürger". Je mehr Menschen ausreichend sichere, zuverlässige und attraktive Wahlmöglichkeiten haben, desto weniger wird es Streit zwischen Mehr- und Minderheiten geben. Aber aufrichtiger miteinander zu reden, bleibt das beste Rezept, um etwas Dampf aus dem überhitzten Kulturkampfkessel abzulassen.

Auf unseren Straßen brauchen wir ein Miteinander, das keine historischen Privilegien duldet. Es ist an der Zeit, Platzkonflikte entschlossen und schnell zu Gunsten des Umweltverbundes zu lösen, der die Ziele der Klima- und Verkehrspolitik erfüllt. Die notwendige Diskussion darf nicht von Ideologien und Anekdoten dominiert werden – stattdessen sollten Fakten und wissenschaftliche Erkenntnisse die Basis für unsere Entscheidungen sein. Es ist die Zeit für eine „RADvolution" zugunsten eines besseren und gerechteren Miteinanders.
Frank Masurat, Bundesvorsitzender des ADFC Allgemeiner Deutscher Fahrrad-Club e. V.

Nicht nur auf dem Land wird das Auto auch weiter eine wichtige Rolle für Mobilität und Teilhabe spielen, doch gerade mit E-Bikes und Pedelecs gibt es ganze neue Möglichkeiten! Wer Menschen begeistern will, immer öfter aufs Fahrrad um-zusteigen, muss vor allem für gute und sichere Radwege an Landstraßen und innerorts sorgen. Und die sollten – wie Autobahnbrücken, Schienenstrecken oder LNG-Terminals auch – mit Genehmigungsturbo im „Deutschlandtempo" errichtet werden können: denn Radfahren ist nicht nur praktisch, sondern auch gelebter Umwelt- und Klimaschutz!
Henning Rehbaum, Bundestagsabgeordneter, Co-Vorsitzender des Parlamentskreis Fahrrad, fahrradpolitischer Sprecher der CDU-Bundestagsfraktion, Mitglied in den Ausschüssen Verkehr sowie Wohnen, Stadtentwicklung, Bauwesen und Kommunen

Unabhängig von Parteibuch, politischer Gesinnung oder Geschlecht muss die Kraft der sachlichen Argumente die Dinge in Bewegung setzen – in der Verkehrs-, Energie- und in der Klimapolitik. Selbst in Wahlkampfzeiten war es mir wichtig, politische Fragestellungen im Gemeinderat oder im Städtetag ohne Rücksicht auf Parteiprogramme über alle Ebenen hinweg zu diskutieren.
Gudrun Heute-Blum, ehemaliges Mitglied u.a. im Bundesvorstand der CDU, im Hauptaus-schuss des Deutschen Städtetags und im Institutsausschuss beim Deutschen Institut für Urbanistik; Oberbürgermeisterin a.D., Kreisstadt Lörrach

Klassische Aufreger ausräumen

> *Statt ideologischer, hochemotionaler Diskussionen, brauchen wir mehr Miteinander und mehr Verständnis für notwendige Veränderungen. Und wir brauchen bezahlbare, umweltfreundliche und sichere Mobilität, wie sie Fahrräder und E-Bikes bieten. Das steht außer Frage.*
>
> *Burkhard Stork, Geschäftsführer Zweirad-Industrie-Verband e.V.*

Wer einmal am Verkehr teilgenommen hat (wir alle), ist deswegen noch kein Verkehrsexperte (wir, fast alle). Je mehr man den Blick über das eigene Lenkrad oder den Lenker erweitert, desto interessanter und komplizierter wird die Materie. Nicht umsonst gibt es in Deutschland diverse Lehrstühle für die unterschiedlichsten Bereiche der Verkehrswissenschaften. In der Öffentlichkeit prägen dagegen diverse falsche Annahmen, Missverständnisse und Irrtümer das Gespräch, denen man immer wieder begegnet.

Hier ein paar „Klassiker":

Einzelhandel – das Auto bringt nicht den Umsatz[26]

Mit Parkplätzen vor dem Geschäft macht man das Geschäft. So lautet eine jahrzehntealte Gewissheit, die bis heute nicht nur im lokalen Handel, sondern auch in der Stadtplanung und Verkehrspolitik fest verankert ist. Diese scheinbare Gewissheit können wir intuitiv nachvollziehen, sie gilt aber inzwischen als überholt – zumindest für die Innenstädte.

Zahlreiche Studien aus den US-amerikanischen und europäischen Städten weisen eindeutige Zusammenhänge zwischen Umsatz, Verkehrsmittelwahl der Kunden und Aufenthaltsqualität in der Einkaufsstraße aus. 80 Prozent des Umsatzes in der Ladenkasse am Ende des Monats kommt von den Kunden zu Fuß, mit dem Rad oder mit Bus und Bahn, aber nicht von den Autofahrern.[27] Kunden mit Auto vor der Tür sorgen hier, entgegen der gängigen Lehre, nicht für den meisten Umsatz. Im Gegenteil hat sich gezeigt, dass Fußgänger oder Fahrradfahrer öfter kommen. Sie geben zwar jeweils weniger Geld aus, da sie nicht den „Kofferraum voll kaufen", in Summe bringen sie den Ladenkassen aber mehr Einnahmen. Ein angenehmes, also autofreies Umfeld steigert zusätzlich den Umsatz.

Lebendigere Innenstädte mit mehr Raum für Menschen statt Autoverkehr, können dem darbenden Einzelhandel wieder Wettbewerbsvorteile gegenüber dem Online-Handel oder den Shopping-Malls verschaffen. Ein Effekt lässt sich sogar erzielen, ohne dass Straßen gleich komplett umgestaltet werden müssten. Allein gute Fahrradstellplätze bringen schon mehr Kundschaft.

Dieser Irrtum des Einzelhandels scheint für die Outlets und Malls im ländlichen Raum nicht zu gelten. Denn hier kommt die Kundschaft nahezu ausschließlich mit dem Auto vorgefahren. Aber innerhalb der Shopping-Center wird das Erlebnis einer verkehrsarmen oder -freien Einkaufsmeile erzeugt. Auch Autofahrer bummeln offensichtlich gerne ohne störenden Straßenverkehr – zu Fuß.

Im Endeffekt betonieren die Shopping-Center die Alternativlosigkeit des Autos, während sie gleichzeitig zum Veröden von Ortskernen und Kleinstädten im ländlichen Raum beitragen, wo sich der ohnehin schon unter dem Online-Shopping leidende Einzelhandel nicht mehr behaupten kann. Es fragt sich, warum wir auf dem flachen Land künstliche Einkaufszentren errichten, anstatt Innenstädte und Ortskerne als attraktive und kraftverkehrsarme Einkaufsgegenden zu gestalten. Letzteres ließe sich mit Verbesserungen des öffentlichen Verkehrs wie Park + Ride und Anderen relativ leicht erreichen.

Der Verkehr wächst konstant?

Allgemein verbreitet ist die Annahme, dass der Verkehr zunimmt. Es scheint doch eine unbestreitbare Selbstverständlichkeit – und Planungsgrundlage für neue Projekte, wie zum Beispiel beim Autobahn-Ausbau. Auch Medienberichte über den Verkehr gehen meist davon aus. Die Pkw-Zulassungszahlen steigen weiterhin kontinuierlich um etwa ein Prozent pro Jahr. Die Menge an Fahrzeugen wächst also. Unser subjektiver Eindruck stimmt damit überein. Wir stöhnen doch alle, auf dem Land wie in der Stadt, über den dichten Verkehr.

Plötzlich wird Ende August 2023 ein Rückgang des Autoverkehrs in deutschen Städten um 14 Prozent im Vergleich zum Stand vor der Corona-Pandemie gemeldet. Am Alexanderplatz in Berlin ist der Autoverkehr in den letzten 25 Jahren um 30 bis 60 Prozent geschrumpft. Auf den Autobahnen und Bundesstraßen waren zwischen Januar und Mai montags 10 Prozent weniger Autos unterwegs als vor der Pandemie.

Schon lange berichten die Stadtplaner der Großstädte von einem jährlichen Rückgang von einem halben Prozent bei den Kfz-Bewegungen. Diese Zahlen sind selbst für manche Verkehrsexperten überraschend. Man ging weitgehend davon aus, dass der Verkehr generell wächst und er während der Pandemie zwar temporär zurückgehen, sich danach aber wieder auf dem vorherigen Niveau einpendeln oder wieder zulegen würde.[28]

Möglicherweise ist die Sachlage im Moment, während dieses Buch kurz vor Drucklegung steht, uneindeutig. Es scheint sich im Verkehr endlich etwas zu bewegen. Deswegen haben wir es hier genau genommen auch nicht mit einem „klassischen Irrtum" zu tun, sondern mit der Widerlegung einer scheinbaren Gewissheit.

Die Gründe für den Rückgang könnten zum Beispiel im Home-Office oder in der schleppenden Konjunktur liegen. Vielleicht befinden wir uns schon viel weiter im kulturellen Umbruch, als die bisherigen Fakten verrieten. Und wird das Bundesverkehrsministerium den Straßenausbau trotzdem auf Basis des Verkehrsaufkommens von 2019 und früher vorantreiben? Handelt es sich hier um eine Momentaufnahme oder einen langfristig stabilen Trend? Wir lassen uns gerne weiterhin überraschen.

Verkehrsberuhigung verlagert den Autoverkehr nur?

Mit „beruhigenden" Maßnahmen würde man den Verkehr innerhalb der Stadt nur verlagern, heißt es. Gerade der Autoverkehr sucht sich dann eben andere Wege. Dies scheint auch die inzwischen über Berlin hinaus bekannte, mehrmals für den Autoverkehr gesperrte und wieder geöffnete Friedrichstraße zu belegen. Eine in einer Nebenstraße ansässige Einzelhändlerin zog wegen des zusätzlichen Verkehrs, den die Sperrung ihr bescherte, vor Gericht.

Das mag in diesem Fall stimmen, die allgemeine Regel zeigt aber den gegenteiligen Effekt. Insbesondere bei Verkehrsberuhigungen „versickert" ein Teil des Autoverkehrs, der sich gar nicht zu einhundert Prozent verdrängen lässt. Gerade bei den kürzeren Wegen unter 5 km steigt ein Teil des Autoverkehrs auf Fahrrad, Fuß oder anderes um. Mit behutsamen, den Autoverkehr leicht bremsenden Maßnahmen entscheiden sich bis zu 20 oder 30 Prozent der Autofahrer bei kürzeren Wegen für ein anderes Verkehrsmittel. Sprich: Die Leute steigen um.[29]

Fröhlich weiter in der Autobahnbau-Logik des 20. Jahrhunderts?

Laut Vorgabe des Bundes wäre in Berlin noch der 17. Bauabschnitt der Bundesautobahn 100 anzugehen. Aus der Logik der Autobahnplanung heraus wäre dieser Schritt tatsächlich folgerichtig, damit sich der Kraftverkehr auch über die östliche Innenstadt verteilen kann, anstatt sich abrupt am Ende des 16. Abschnitts in die Stadt zu ergießen und dort alles zu verstopfen. Dieser 17. Abschnitt wäre dann in den 30er und 40er Jahren zu erstellen, die Bauarbeiten würden sich durch die dicht besiedelten, östlichen Innenstadtbezirke fräsen.

Den Ausbau einer innerstädtischen Autobahn hätte Berlin unter allen europäischen Metropolen exklusiv. Es wäre zudem ein prägnantes Beispiel für die Kosten, die entstehen, wenn man weiter voranschreitet auf dem Weg der Pfadabhängigkeit des letzten Jahrhunderts. Schon das Budget für den bisherigen 16. Abschnitt macht das Projekt zur teuersten Autobahn Deutschlands – mit 218.000 Euro pro Meter.[30] Die Schätzungen für den 17. Abschnitt belaufen sich auf über eine Milliarde Euro und toppen den Meterpreis auf knapp 400.000 Euro,[31] weitere zukünftige Baukostensteigerung noch nicht inbegriffen.[32] Was könnte man stattdessen mit einem solchen Budget für den öffentlichen Verkehr bewirken!

Die erheblichen Bauarbeiten, die enormen Mengen an Beton oder Asphalt und der Energieeinsatz würden Berlins Ziel der Klimaneutralität torpedieren. Und wie will man dieses Projekt den zig tausenden betroffenen Bewohnern „verkaufen"? Nicht zuletzt stellt sich die Frage, welchen Bedarf die Autobahn abdecken würde: Das Verkehrsaufkommen von heute mit fragwürdigen Wachstumsprognosen und neuen Schrumpfungstrends oder den in zwanzig Jahren noch real vorhandenen Autoverkehr? Wäre es nicht generell sinnvoller den Straßenbestand ordentlich zu sanieren, anstatt das Geld dafür in den Neubau zu stecken?

Vielleicht sähe die Sache aber ganz anders aus: Ein Autobahnausbau mitten in der Innenstadt? Mit massiven Bauarbeiten noch bis in die 2040er Jahre? In einer zunehmend von der Klimakrise gebeutelten Welt? Mit dieser Baustelle hätte Berlin doch eine sensationelle neue und weltweit bestaunte Touristenattraktion, die vielleicht einen Teil der ungeheuren Kosten wieder einspielen könnte. Ist das wirklich so sarkastisch, wie es klingt?

Die Umgehungsstraße – löst ein Problem und schafft neue

In zahlreichen Gemeinden im ländlichen Raum leiden die Bewohner unter schwerem Durchgangsverkehr. Ihnen ergeht es nicht wesentlich anders als Städtern, die an Haupt- oder Ausfallstraßen leben (müssen). Die Lösung: Eine Umgehungsstraße. Was sich als Segen für die verkehrsgeplagten Bewohner erweist, schafft woanders und auf andere Weise neue Probleme.

Nehmen wir als einfaches Beispiel Dorf Zwei, durch das sich der Verkehr von Dorf Eins und Dorf Drei wälzt. Nach dem Bau einer Umgehungsstraße hat Dorf Zwei endlich Ruhe. Auch Pkw und Lkw müssen sich nicht mehr – oft im Stop and Go-Tempo – durch den Ort quälen. Stattdessen umfährt man es mit frischen 100 km/h und kommt viel schneller von Dorf Eins nach Dorf Drei. Der Lärm im Ortskern lässt nach, der in den Außenbereichen kann exponentiell mit der Geschwindigkeit wachsen, falls keine Schallschutzmaßnahmen getroffen werden.

Der Effekt: Wenn es neuerdings so viel schneller geht, nutzt man die Strecke öfter, zum Beispiel zum Einkaufen oder Essengehen in der nächsten Stadt. Das bessere Angebot sorgt für mehr Nachfrage. Die neue Straße erzeugt ihren Verkehr – der sogenannte induzierte Verkehr, von dem wir schon gesprochen haben. Dorf Eins und Dorf Drei müssen in diesem Szenario nun zusätzlichen Verkehr verkraften und werden absehbar ebenfalls nach einer Umgehungsstraße verlangen.

Man kann es keiner Gemeinde verübeln, sich des Verkehrs aus ihrem Ortskern entledigen zu wollen. Aber die Umgehungsstraße bietet ein anschauliches Beispiel für den Widerstreit zwischen Partikular- versus allgemeinem Interesse. Es werden kontinuierlich Landschaften zerschnitten, Flächen versiegelt und neue Emissionen erzeugt; von den Kosten für den Straßenbau ganz zu schweigen. Das eigentliche Problem – zu viel Kraftverkehr – wird räumlich wie zeitlich nur verlagert und mittel- und langfristig verschlimmert.

Die steigende Nachfrage erzwingt weitere Straßenausbauten und die Wachstumsspirale dreht sich weiter, Ende nicht absehbar. Letztlich lässt sich dieser gordische Knoten nicht anders auflösen als durch verbesserte Wahlmöglichkeiten zum Pkw-Verkehr. Wie man das einer verkehrsgeplagten Gemeinde nahebringen will, wissen wir – zugegeben – auch nicht.

Radverkehr frisst Parkplätze?

Natürlich geht der Ausbau der Radwege in den Städten auch zu Lasten von Pkw-Stellplätzen. Aber was meinen Sie, wer noch den Autos die Parkplätze nimmt? Das Auto. Je mehr und größer die Fahrzeuge[33] werden, desto zäher der Verkehr, desto länger die Staus und desto knapper die Stellplätze. Auto-Parkplätze werden zunehmend an die wachsenden Ausmaße der SUVs angepasst, wofür die Anzahl der insgesamt verfügbaren Plätze reduziert werden muss. Wenn Sie mit einem Kleinwagen schwerer einen Parkplatz finden, dann ist das auch Ihren größeren Kollegen zu verdanken.

Autobesitzer sind die Mehrheit, Autofahrer nicht immer

In Deutschland sind wie gesagt fast 50 Mio. Autos angemeldet bei rund 84 Mio. Einwohnern. Mit den Autofahrern, also der Mehrheit der Bevölkerung im Rücken, müsste man theoretisch jede Bundestagswahl souverän gewinnen können. In unseren Städten dagegen sieht die Sache ganz anders aus. Hier sind die Haushalte mit Auto klar in der Minderheit. Von 1.000 Haushalten besitzen im Schnitt zwischen 300 und 400 einen Pkw. In der Berliner Innenstadt werden nur noch 15 Prozent aller Wege mit dem Auto zurückgelegt, die Mehrheit sitzt dort nicht drin. Kaum zu glauben bei den Mengen an Autos, die in den Städten angemeldet sind und Jahr für Jahr dazukommen. Wenn acht von zehn Wegen nicht mit dem Auto zurückgelegt werden, wird die Perspektive dieser Mehrheit in der Verkehrspolitik – demokratisch gerechtfertigt – mehr Gewicht einnehmen.

Dass die Minderheit, die ihre Wege mit dem Auto zurücklegt, nicht mehr bei jedem Protest berücksichtigt wird, ist ein Teil der Verkehrsgeschichte, wie sie sich gerade entwickelt. Rolf fühlt sich alleingelassen, die Berliner CDU gewinnt den Wahlkampf mit „Berlin ist für alle da, auch für Autofahrer" – ein schöner Beleg für diese inzwischen vorherrschende Stimmung.

Worauf sich aber eine Mehrheit wie gesagt längst geeinigt hat: 80 Prozent der Menschen in Europa wünschen sich eine Verkehrspolitik, bei der sie auch gut ohne Auto leben können. „Freie Wahl für freie Bürger" ist damit von der Mehrheit längst legitimiert.

Lust und Frust in Stadt und Land

Hoffnungsschimmer am Horizont

„

Jeder nimmt am Verkehr teil und nutzt dabei verschiedene Verkehrsträger. Aus dieser Haltung müssen wir die Mobilitätswende gestalten. Dass Mobilität in Stadt und Land unterschiedlich aussehen wird, ist eine Selbstverständlichkeit, kein Totschlagargument. Das Buch ist ein wichtiger Vorstoß.

Dr. Heike van Hoorn, Geschäftsführerin Deutsches Verkehrsforum e.V.

Wir brauchen weniger hochkochende Emotionen in der Debatte. Dafür mehr Mut, die unaufhaltsame Veränderung unserer Mobilität zu gestalten, statt an der Gegenwart festzukleben. Gegenseitiges Verständnis ist dafür grundlegend - wenn das Buch dazu beiträgt, ist es ein wichtiger Erfolg!

Wasilis von Rauch, Geschäftsführer Bundesverband Zukunft Fahrrad e.V.

Als wir dieses Buch geschrieben haben, haben wir uns mit vielen Leuten darüber unterhalten. Insbesondere auch mit Bekannten, die ein ganz anderes Lebensmodell führen als wir selbst. Der Handwerker, der seinen Lieferwagen braucht. Die Seniorin, die ihren SUV liebt. Der Freiberufler, der eigentlich pro Fahrrad in der Stadt ist, aber mit dem Auto erstaunlicherweise am schnellsten vorankommt. Landbewohner mit ihren teilweise gar nicht so unterschiedlichen Befindlichkeiten. Oder ein Ehepaar: Beide würden gerne radfahren, trauen sich das in der Stadt aber nicht.

Ein gemeinsames Fazit aus unseren Gesprächen lässt sich ganz einfach zusammenfassen. Was die Leute vor allem wollen: Sich nichts vorschreiben lassen. Verständlich. Deswegen wollen wir ja auch nicht Autos abschaffen, sondern mehr Wahlmöglichkeiten schaffen.

Je vielfältigere Optionen uns zur Verfügung stehen, desto weniger wird uns etwas vorgeschrieben. Und umgekehrt: Im Auto-Zwang versteckt sich doch eine indirekte Vorschrift. Wenn wir als Gesellschaft zig Millionen Menschen keine Wahl bieten, schreiben wir ihnen quasi vor, gefälligst ein Auto zu besitzen. Selbst wenn die sich den eigenen Wagen eigentlich gar nicht leisten können oder wollen. Es braucht tatsächlich mehr und attraktivere Wahlmöglichkeiten.

Wie ist denn die Stimmung in den verschiedenen Regionen? Was bewegt sich, was bewegt die Menschen? Schauen wir einmal vorbei auf dem dünn besiedelten Land, in den ländlichen Kreisen mit kleineren bis größeren städtischen Zentren und nicht zuletzt in den Metropolen mit ihren urbanen, hippen Innenstädten und den Außenbezirken, die oft ganz anders ticken.

Ihnen wird auffallen, dass die beiden Kapitel zum ländlichen Raum kürzer ausfallen als das zur Stadt. Deswegen betonen wir es noch einmal. Das heißt nicht, dass das Land weniger relevant wäre oder die Probleme dort weniger gravierend. Wir haben mit vielen Leuten gesprochen, die auf dem Land oder im Umland wohnen. Alle stöhnen darüber, dass der Verkehr vom Land in die Stadt immer schlimmer wird; vor allem der Berufs- und Wochenendverkehr. In der Stadt knirscht es nur noch lauter, weil sich hier alles ballt und man sich um Parkplätze balgt.

Abgehängt und lärmgeplagt

Was tut sich auf dem Land?

,,

Mitfahr-Apps für Fahrgemeinschaften ergänzen im ländlichen Raum bestens das Bus- und Bahn-Angebot. Fahren mehrere Personen zusammen in einem Auto ist das ein Beschleuniger klimafreundlicherer Mobilität.

Stephan Tschierschwitz, Vorstand Mitfahrverband e.V.

Michael erlebte neulich folgendes: *„Ich war für ein paar Tage auf dem Land in einem kleinen Dorf, rund 300 Einwohner, und kam mit einem Nachbarn ins Plaudern. Beiläufig erzählte ich ihm, dass ich erstaunlicherweise ohne Probleme mit dem Bus bis hierher vor die Haustür fahren kann. Sehr plötzlich und sehr scharf sagte der Mann: ,Aber wenn Sie hier leben, geht's nicht ohne Auto!' Anscheinend wirkte meine Busfahrt wie ein Angriff. Vielleicht dünstet man als Großstädter so einen Hauch von ,Weniger Auto!' einfach aus, ohne es zu wollen. Oder man ist Auto-eindämmender Umtriebe general-verdächtig. Jedenfalls lag unterschwellig sofort die große Frage nach dem Auto auf dem Tisch. Dabei würde ich, wenn ich auf dem Land leben würde, sehr wahrscheinlich selbst ein Auto haben."*

Es herrscht bei vielen im ländlichen Raum ein Gefühl von Abgehängtsein. Bei Verkehrsdebatten dreht sich fast immer alles nur um die Städte und Ballungsgebiete. Kaum ein Verkehrsaktivist spricht über Verkehr auf dem Land, sondern beschäftigt sich eigentlich nur mit seinen Kiezen in den Großstädten. Das verstärkt die Befindlichkeiten und die Kluft zwischen Wendy und Rolf.

Tatsächlich ballen sich in den Städten die Probleme im wahrsten Sinne des Wortes. Dabei sind die Städter aus der Landsicht anscheinend in jeder Hinsicht privilegiert. Dazu kommt dieses ganze anglizistische, neumodische „Wording" und alles ist andauernd „smart" und lässt sich irgendwie vernetzen oder „sharen". Aber was ist denn auf dem Land smarter, als das eigene Auto vor der Tür zu haben und jederzeit dahin fahren zu können, wohin man will?!

Eigentlich gibt es durchaus ähnliche Probleme. Zum Beispiel haben wir als Städter den Lärm ganz und gar nicht exklusiv. Es gibt Dörfer, die in der Sommersaion von Horden von Motorradtruppen mit extra lauten Maschinen geplagt werden; insbesondere wenn in Tälern gelegen, sorgt das für noch krassere Akustik, die die Biker in Scharen anzieht.

In Fernseh-Dokumentation sind Dorfbewohner zu sehen, die fassungslos in ihren Gärten sitzen, weil für sie der Sommer zuhause zur schlimmsten Jahreszeit wird.

Neben den Straßendörfern leiden auch Kleinstädte unter dem Lärm von Durchgangs- und Schwerlastverkehren, die durch die Ortskerne fluten. Nachvollziehbar, wie sehr sie Umgehungsstraßen oder Straßenausbau in der Umgebung herbeisehnen. Wer einmal auf dem Land unterwegs war, dem werden die Plakate an Dorfstraßen aufgefallen sein, oft vergilbt und verblichen, die still gegen den Lärm des Durchgangsverkehrs klagen.

Auch die Ausflüge der Großstadt-Völker, die übers Wochenende mit dem Auto in die ländlichen Gegenden ziehen, werden oft zur Plage für den ländlichen Raum. Und umgekehrt machen die zunehmenden Staus beim Verkehr in die Städte der Landbevölkerung zu schaffen, Stichwort „Flaschenhals" (siehe S. 36).

Ansonsten ist der ländliche Raum natürlich Autoland. Es ist ja gerade der große Vorteil des Autos, dass man damit im Gegensatz zur Bahn jede Ecke ansteuern kann. Und doch tut sich was: Gerade für Eigenheimbesitzer wird das E-Auto – im Idealfall kombiniert mit Solarstrom vom eigenen Dach und einer Wallbox – zu einer im Unterhalt extrem günstigen Alternative im Vergleich zum Verbrenner. Vor allem wenn die Anschaffungskosten für E-Autos weiter sinken. Die Zulassungszahlen von E-Autos im ländlichen Raum liegen schon jetzt um 50 Prozent über denen der Städte.

Neue Verkehrsideen sind längst keine rein urbane Domäne mehr. Car-Sharing geht auch auf dem Land und in kleinen Dörfern. Das spricht sich herum, Landkreise, wie der Rhein-Hunsrück-Kreis, betreiben das systematisch, und dann gleich sogar mit E-Carsharing. Manche Gemeinden spendieren ihren Einwohnern Bürgerbusse oder stellen ihnen E-Fahrräder zur Verfügung. Es gibt Ruf-Busse oder Wochenend-Taxis für Party-Pendler vom Dorf in die nächste Stadt („Promille-Shuttle"). Die Aufgeschlossenheit gegenüber Alternativen zum Auto wächst. Schließlich will oder kann auch im ländlichen Raum nicht jeder immer jeden Weg mit dem eigenen Auto zurücklegen; zum Beispiel Ältere, die sich hinterm Steuer nicht mehr wohlfühlen, Jugendliche, die noch keinen Führerschein haben und alle, die sich einen besseren öffentlichen Verkehr wünschen.

Das gerne kolportierte Klischee vom „rückständigen" Land lässt sich einfach nicht halten, Neues und Neugier finden sich hier genauso wie die dicken Problem-Brocken von Lärmbelastung und Schwerverkehrstress.

Da krieg ich so'n Hals

Der Flaschenhals zwischen Stadt und Land

„*Wenn ich groß bin, ziehe ich nach Husum, da ist es richtig groß.*" So beschrieb ein Junge vom Land im Film „Karniggels" aus dem Jahr 1991 von Detlev Buck seinen Traum, mal in eine große Stadt zu ziehen. Genau über solche Regionen mit größeren Städten sprechen wir hier. Sogenannte Mittel- bis Oberzentren, wie es die Fachplanung bezeichnet.

Hier können die Menschen meist auf Regionalbahnen mit guter Taktung zugreifen, die die Sogwirkung aus und zu den größeren Städten bedienen. Auch hier entwickeln sich neue und zusätzliche Angebote, aber auch hier haben die Menschen mit sehr dichtem Verkehr zu kämpfen. Vor allem das Flaschenhals-Phänomen, über das wir schon gesprochen haben, macht diesen Städten zu schaffen, wenn morgens alle zur gleichen Zeit zur Arbeit oder samstags zum Shoppen wollen. Das heißt, dass die Einfallstore für den Autoverkehr in die städtischen Zentren so eng sind, dass sie mitunter einen nervenden Rückstau ins Land verursachen. Heinrich war kürzlich in Neubrandenburg unterwegs und staunte mit eigenen Augen, was sich dort für enorme Verkehrsmengen durch den Innenstadt-Ring schlängelten. „Berlin ist nichts dagegen", so sein O-Ton.

Werden innerhalb der Städte dann verkehrliche Veränderungen vorgenommen, die den Flaschenhals verengen und aus dichtem Verkehr echte Staus machen, staut sich vor allem auch der Ärger auf. Rolf fordert deswegen mehr Straßenbau von der Regionalpolitik. Garniert man das noch mit schillernder Verkehrswende-Rhetork, hat man den perfekten Cocktail für Empörung, wenn nicht sogar für blanke Wut angerührt.

Der einzige Ausweg für Landräte oder Bürgermeister liegt meist im Ausbau von Umgehungsstraßen, die die städtischen Zentren entlasten, oder mehr Parkhäusern, die das Autofahren verfestigen und attraktiven Optionen das Leben schwer machen. Sie zementieren im wahrsten Sinne des Wortes die automobile Pfadabhängigkeit und sorgen für weitere Wegstrecken. Rolf bleibt Rolf, so das Ergebnis.

Aber das könnte auch anders gehen: Kürzlich wurde ein Forschungsprojekt zum Pendeln in zwei hessischen Landkreisen durchgeführt. Die Teilnehmer haben damit experimentiert, ihre Pendel-Routinen umzustellen. Die wirklich überraschenden Ergebnisse: Der Umstieg ist möglich, ohne dass erst ein weiterer Ausbau von Bus, Bahn und Sharing erforderlich wäre. Nach einem Zeitraum von acht Monaten und vielfältigen Ausprobierens haben fast drei Viertel der Teilnehmenden ihren Pendelalltag dauerhaft umgestaltet. Die Begründung: Weil sie dem neuen „ich fahr jetzt mit xy" immer etwas Positives abgewinnen konnten, das sie früher so nicht gesehen hatten.[34]

Verkehrspolitik heißt in diesen Regionen immer auch Auto-Politik, denn diese Mittelzentren wollen ja von jedem Dorf aus erreicht werden. Es entfalten sich aber auch hier zusätzliche Möglichkeiten, die gerne frequentiert werden: engere Takte des öffentlichen Verkehrs, wie zum Beispiel bei Landbussen. Angebote wie Park + Ride und Bike + Ride an Bahnhöfen, die gerne mal das dritte oder vierte Familienauto überflüssig machen. Oder E-Pedelecs, mit denen sich bei 45 km/h auch mal eine längere Strecke bewältigen lässt, was auf Straßen ohne sicheren Radweg allerdings nur etwas für die Mutigeren ist.

In diesen ländlichen Kreisen gibt es viele Beispiele dafür, wie über lange Jahre an Alternativen gearbeitet wurde, die Rolf und Wendy gleichermaßen gutheißen.

Neugier statt innerer Schweinehund

Neue Gewohnheiten in den Städten!?

Machen und Umsetzen – darum geht's jetzt. Und das mit Mut und Weitsicht! Mut, weil Veränderungen neue Ziele erfordern und Gegenwind verursachen. Wer verlässt schon gern die eigene Komfortzone? Weitsicht, weil es um unsere Zukunft geht, nicht um Legislaturperioden. Trauen wir uns auch unbequeme Wege zu gehen – gemeinsam!

Ute Bonde, Geschäftsführerin VBB (Verkehrsverbund Berlin-Brandenburg)

Wer Krach machen will, kann das von mir aus auf einer Rennstrecke tun, aus unseren Städten gehören getunte Fahrzeuge und ihr Krach raus. Tempo und Lärm müssen raus aus den Städten.

Uli Burchardt, Oberbürgermeister Stadt Konstanz

Kampfzone, Ground Zero der deutschen Verkehrsdebatte, Innenstadt gegen Außenbezirke, „Auto-Nerv" und „Auto-Schmerz": Hier konzentrieren sich Probleme wie Lösungen, oft begleitet von Konflikten mit maximaler medialer Lautstärke. Hier wohnen die Wendys in den Kiezen, die Rolfs leben eher in den Außenbezirken oder pendeln auch mal 30 Kilometer aus dem Umland in die Stadt.

Aber schauen wir uns einmal ein paar Beispiele dafür an, was sich in den Großstädten tut, das auch Autofahrer begrüßen.

Das Auto-Verzichts-Experiment[35]

Wir hoffen, Sie haben unser Buch beim bösen Wort „Verzicht" jetzt nicht aus dem Fenster geworfen. Gut! Es handelt sich nämlich um einen freiwilligen Verzicht. In einem Wohnquartier in Berlin wurde den Anwohnern mit Auto folgender Vorschlag gemacht: „Lassen Sie doch einmal für drei Monate Ihr Auto stehen und probieren Sie aus, wie es sich ohne lebt!"

Wie viele der Autofahrer haben nach Ablauf des Experiments, also nach drei Monaten Auto-Abstinenz weiterhin freiwillig auf ihr Auto verzichtet? 5, 10, 15 Prozent? Was meinen Sie? Tatsächlich stieg fast ein Drittel der Teilnehmer nicht wieder zurück ins eigene Auto. Stellen Sie sich mal Ihre Stadt mit einem Drittel weniger Autoverkehr vor? Was wäre das ein Aufatmen fürs Stadtleben, mit Kindern auf der Straße, mit mehr Ruhe, besserer Luft. Wieviel weniger Stress mit Stau und Parkplatzsorgen würden Sie plagen?

Entscheidend bei diesem Experiment war hier die Beratung und das gemeinsame Ausprobieren. Das nahm den Leuten die Scheu vor Apps und Alternativen. Dieses Experiment bestätigt die Macht der Gewohnheit und gleichzeitig die Möglichkeit, neue Gewohnheiten anzunehmen, für die es oft nur einen kleinen Anschub braucht. Tatsächlich entspricht das auch manchen Anekdoten, die uns Freunde und Bekannte erzählt haben: Viele waren einfach noch nie auf die Idee gekommen, einmal etwas anderes auszuprobieren. Manche Leute wussten schlicht nicht, dass sie viel weniger am Auto hängen, als sie dachten. Und sie würden staunen, wie oft sie sich ein Taxi leisten könnten, wenn sie die monatlichen Kosten ihres Autos mal genau ausrechnen.

Reizwort „Parkraumbewirtschaftung"

Würde man einen Wettbewerb ausloben, einen maximal sperrigen und abschreckenden Begriff dafür zu finden, dass in innerstädtischen Wohnbereichen Gebühren fürs Parken erhoben werden: Voilà! Zudem wird die Parkraumbewirtschaftung wie kaum ein anderes Wort aus dem Verkehrsbereich als so eindeutig „anti Auto" empfunden.

Das Autoabstellen kostet zu bestimmten Zeiten plötzlich drei Euro pro Stunde, wenn man keinen Anwohnerparkausweis hat. Setzt man sich in eine Kneipe und verbringt ein, zwei Stündchen mit Freunden und ein paar alkoholfreien (wegen Auto) Bieren, kann das Parken plötzlich so teuer werden wie die Getränke. Oder ein anderes Beispiel: Man bekommt Besuch von außerhalb, der mit dem Auto anreist. Will der den Wagen ein paar Tage vor der Haustür abstellen, summiert sich das zu stattlichen Beträgen.

Andererseits sind viele Autofahrer plötzlich ganz anderer Ansicht, wenn sie den positiven Effekt am eigenen Leibe erleben. Die Krankenpflegerin oder der Schichtdienst-Malocher zum Beispiel, die müde von der Arbeit kommen und nicht zig mal um den Block kurven müssen. Denn durch die Gebühren wird oft jeder zehnte Parkplatz frei, sie senken den „Parkdruck". Man gewinnt als Anwohner einfach viel Lebenszeit und vermeidet Stress und Ärger, die man nicht mehr mit der frustrierenden Parkplatzsuche verbringt. Auch anderen Anwohnern gefällt's: Weniger Autoverkehr, mehr Ruhe.

Trotzdem bleibt der Ärger über die Gebühren für alle Pendler und Besucher, die in den „bewirtschafteten" Zonen parken wollen. „Damit es die ohnehin schon privilegierten Innenstädter möglichst noch komfortabler haben?" Die Frage lässt sich nicht mit Argumenten vom Tisch wischen, sondern muss entschieden werden. Sollen die Autofahrer fürs innerstädtische Parken bezahlen oder nicht? Immer mehr Städte und Kommunen sagen klar: „Ja". Die öffentlichen Verkehrsmittel gibt's ja auch nicht umsonst.

Die Kommunen stellen ihren begrenzten und überfüllten Raum nicht mehr unentgeltlich zur Verfügung, auch wenn sich das über Jahrzehnte als Selbstverständlichkeit etabliert hat. Bei allem Verständnis für den Bruch mit angenehmen Gewohnheiten, lautet umgekehrt die Klartext-Frage an Rolf: „Auf welcher Basis kannst du verlangen, dass Städte dir 12 qm öffentlichen Raum für dein Auto gratis zur Verfügung stellen? Das Argument „weil das schon immer so war" zählt nicht. Und was wären deine konkreten Vorschläge, das zu lösen?"

Die Stadt der kurzen Wege

Im letzten Jahrhundert wurden unsere Städte nach der klaren Trennung von Wohnen, Arbeiten und Einkaufen ausgerichtet. Das Ergebnis: Reine Wohngegenden hier, reine Büroareale dort. Und zum Einkaufen fährt man am besten in die Shopping-Mall vor den Toren der Stadt. Städte schaffen auf diese Weise ihren eigenen Verkehr. Sie erzwingen Wege, die mit einer besseren Struktur vermeidbar wären, und Umwege für die, die nicht mit dem Auto unterwegs sind.

Trotzdem blieben durchmischte Areale erhalten. Wie es sich dort lebt, weiß Michael aus eigener, angenehmer Erfahrung zu berichten: *„Ich genieße die komfortable Situation, in Berlin-Schöneberg in einem Kiez zu wohnen, in dem ich alles zum alltäglichen Leben fußläufig vor der Haustür vorfinde. Hinzu kommt eine ‚Piazza'. Hier im Kiez wurde eine ehemalige Kreuzung mit Unfallschwerpunkt verkehrsgesperrt. Seitdem fühlt man sich hier fast wie in einer italienischen Kleinstadt."*

Solche verkehrsfreien Oasen beleben auch Gastronomie und Einzelhandel, die sich hier gerne ansiedeln und die Leute vom Online-Einkauf wieder zurück in den lokalen Handel locken. Es entfallen Lieferverkehre und Fahrten in Einkaufsgegenden. Stattdessen tummelt sich das Leben. Klingt das wie ein „Bullerbü" für Sie?

Aber genau diese Orte genießen wir doch gerne, zum Beispiel beim Urlaub in Mittelmeerländern: die idyllische italienische Kleinstadt mit den engen Gassen und der pittoresken Piazza ohne Autoverkehr. Warum tun wir das zuhause in unseren Städten nicht auch? Und auch im ländlichen Raum gibt es derzeit diverse Ansätze, kleine Städte, Gemeinden oder Dörfer mit verödeten Ortskernen wiederzubeleben.

Die Pedal-Polizei

Seit einigen Jahren sind in Berlin-Mitte (schon wieder Berlin, wir bitten um Entschuldigung) Polizisten auf dem Fahrrad unterwegs. Nach den ersten drei Einsatzjahren der Fahrradstaffel hat sich die Zahl der schweren Radverkehrsunfälle im Bezirk halbiert. Warum das auch eine gute Nachricht für Autofahrer ist? Weil sich jeder Autofahrer unterschwellig immer sorgt, einen Radfahrer (oder sonstwen) „umzunieten", zu verletzen oder noch schlimmeres. Wenn die Polizei die Rad-Perspektive einnimmt und entsprechend unterwegs ist, hilft sie damit auch den Autofahrern. Ein weiterer Pluspunkt: Mehr Sicherheit bewegt mehr Menschen zum Fahrradfahren, was wiederum den Autostraßenverkehr entlastet.

Die auf den ersten Blick unerfreuliche Nachricht für Auto- wie Radfahrer (die eigentlich keine sein dürfte): Die Fahrradstaffeln kümmern sich sehr konkret um Regelverstöße wie zum Beispiel das Zweite-Reihe-Parken oder Parken auf Busspuren und Radwegen mit dem Auto. Genauso werden Regelverstöße von Radfahrern entschlossen geahndet. Aber es entspannt das Miteinander und macht den Verkehr flüssiger, weil man nicht immer wieder wegen der Zweite-Reihe-Parker abbremsen oder ausweichen muss.

Gute Radwege, schlechte Radwege

Es gibt nagelneue, gut verpollerte und mit 2,3 m wunderbar breite Fahrradwege, die Autofahrer zurecht verfluchen. In einem Berliner Außenbezirk (schon wieder Berlin, wir bitte um.... - Moment, dieses Mal nicht, nächstes Mal wieder) wurden zwei Pkw-Spuren für zwei opulente, neue Radwege entfernt. Das Ergebnis: Autofahrer stehen im Stau, während auf den Radwegen gefühlt alle halbe Stunde mal ein Radler zu bestaunen ist. Hier wurde einfach sehr konkret am Bedarf vorbei „umgewidmet". Ein Zwei-Wege-Radweg wäre hier völlig ausreichend gewesen. Dieser Radweg war so ein weiterer Ground Zero der Verkehrsdebatte, der die Berliner CDU wieder zu einem oberflächlichen Autowahlkampf verlockt hat.
Es gibt aber auch neue Radwege, die Autofahrer lieben – und das sogar in Außenbezirken. Mit den richtigen, bedarfsgerechten Radwegen kann man dafür sorgen, dass unter anderem Kinder sich auf dem Fahrrad wieder selbständig bewegen können. Für Eltern entfällt das andauernde Kinder-Kutschieren zur Schule, zum Sport usw. Ein Gewinn an Lebenszeit für die Erwachsenen; dazu Kinder unterwegs an der frischen Luft, die lernen, sich selbständig in ihrem Umfeld zu bewegen. Es gilt: „Wer Radwege sät, wird Radverkehr ernten."

Leicht- und Kleinmobilität

Unsere Innenstädte bersten nicht nur unter der Menge an Fahrzeugen, sondern auch deren wachsender Größe. SUVs, Vans, Geländewagen, Kleinbusse – je größer die Fuhrwerke, desto beengter der Raum für andere Verkehrsteilnehmer und für den Autoverkehr selbst. Der gegenläufige Trend zur Gigantomanie nennt sich Leicht- oder Kleinmobilität. Vor allem im Lieferverkehr „auf der letzten Meile" sind immer häufiger filigranere Fahrzeuge wie Lastenräder, elektrisch angetriebene Anhänger oder elektrische Minitrucks im Einsatz.

Auch im Sharing-Modell werden Miet-Elektrokleinmobile (oder auch LEV: „Light Electric Vehicles"), Miet-Motorroller und Mietfahrräder immer beliebter. Je mehr davon unterwegs sind, desto mehr Platz für alle anderen – auch für die verbleibenden Autos.[36]

> *Diese Masse an Autos kann einfach nicht weiter in einer Stadt rumfahren und vor allem rumstehen. Das ist sinnlos. Wir haben jetzt schon die Möglichkeit, Autos stundenweise zu mieten oder Räder oder Roller. Das muss ausgebaut werden.*
>
> *Achim Hallstein fährt seit vier Jahrzehnten in Frankfurt a.M. Taxi.*
> *Aus einem Interview mit der FAZ[37]*

So weit zu unserer Auswahl an verkehrlichen Verbesserungen, die letztlich auch im Sinne der Autofahrer sind. Wir möchten Sie hier nur auf den Geschmack bringen, dass Veränderungen (auch für eingefleischte Autofahrer) Geld- und Zeitersparnisse bringen oder einfach Spaß machen können. Und sie helfen dabei, Wendy-Deutsch in gute Argumente für Rolf zu übersetzen.

Und jetzt Sie!

Gen Ende noch ein kleines Gedankenexperiment: Angenommen, Sie könnten von heute auf morgen den Verkehr komplett neu erfinden, müssten dabei aber eine wichtige Bedingung beachten. Sie dürfen nämlich nicht bestimmen, in welcher Rolle Sie daran teilnehmen würden. Wenn Sie den Verkehr also genau so neu erfinden würden, wie er heute etabliert ist, könnten Sie sich zum Beispiel in der Situation wiederfinden, mangels anderer Optionen aufs Auto angewiesen zu sein. Natürlich könnten Sie in diesem Verkehrslotto auch sechs Richtige ziehen und sich vermögend im Eigenheim mitten in schöner Naturlandschaft wiederfinden. Oder Sie müssten an einer höllisch lauten städtischen Ausfallstraße mit schlechter Luft leben ... und so weiter. Wie sähe der von Ihnen persönlich erfundene Verkehr aus?

Schlusswort
Worauf sich alle einigen können

Unsere etwas ungewöhnliche Ausgangslage für uns drei Autoren aus dem bürgerlichen Milieu war, dass wir anscheinend eine linksgrüne Agenda vertreten, weil wir generell weniger Autoverkehr für sinnvoll halten.

Immer öfter haben wir uns beim Schreiben an der einen oder anderen Stelle gefragt, ob wir gerade in die reine Wendy-Sprache abdriften oder zu sehr Rolfs Perspektive bedienen, statt ihn mit guten Argumenten aus seiner Sicht zu überzeugen. Und sind wir nun privilegierte Innenstädter, die Ihnen ans Auto wollen, oder folgen wir einer Art gesundem Menschenverstand? Das mögen Sie entscheiden, wenn Sie dieses Buch gelesen haben. Und stellen Sie sich gerne selbst immer mal die Wendy- oder Rolf-Frage.

Jedenfalls würden wir Ihnen gerne positive Aussichten anbieten. Zum einen hinsichtlich der Auto-Industrie und der Wirtschaft: Wie wäre es, wenn wir mit deutschem Ingenieursgeist und einer ordentlichen Portion Pragmatismus die menschlichen und technologischen Verkehrsreformen stemmen? Mit der Verkehrstechnik von morgen auf den Märkten von heute glänzen und das Geschäft weder China noch Elon Musk überlassen? Und damit unter Beweis stellen, dass wir nicht einfach von Pkw-Absatzzahlen abhängig sind, sondern eine neue Erfolgsgeschichte schreiben? Eine Erfolgsgeschichte, die nicht auf der Monokultur eines zentralen Verkehrsmittels gründet, sondern auf einem cleveren, zeitgemäßen und dezentralen Design von Verkehr. Mit neuen Arbeitsplätzen, Unternehmen, Wachstum und Zukunftsfähigkeit? Bei einer solchen Verkehrswende wären wir gerne dabei!

Den Verkehrssektor müssen wir bei der alles überschattenden Klimakrise besonders in den Blick nehmen. Die Emissionen im Verkehr sollten längst sinken, stattdessen bleiben sie im Kern seit 1990 konstant. Und das lassen wir uns als Steuerzahler jährlich immer noch hohe zweistellige Milliardenbeträge an fossilen Subventionen kosten.

Was ließe sich mit einem solchen Budget anstellen, wenn wir damit nicht kränkelnde Pferde reiten, sondern es mehr in Takte, mehr Angebot von Bus und Bahn und in zukunftsfähige Technologien investieren würden! Für Verkehrsreformen wird dringend Geld gebraucht. Allein die Sanierung kommunaler Verkehrsnetze erfordert Milliarden.[38] Wenn der Finanzminister also fragt: *„Wo soll denn das ganze Geld herkommen?"*, dann hätten wir in unserem Buch diverse Vorschläge, was man mit unseren Steuergeldern besseres für alle anstellen könnte, anstatt sie für fossile Subventionen auszugeben.

Man könnte damit die Bahn vorzeitig auf Vordermann bringen. Auf dem Land Alternativen zum Auto anbieten. Die Städte und den urbanen Verkehr gegen die Folgen der Klimakrise wappnen. Die Gesundheit der Bevölkerung stärken. Weniger Menschen würden im Verkehr ihr Leben lassen. Deutschland könnte seine Klimaziele im Verkehrssektor erreichen. Und die viel beschworene Digitalisierung käme voran – immerhin ein Feld, auf dem wir so rückständig sind, dass man im Ausland aus dem Staunen über uns nicht mehr herauskommt, und das eben auch eine Basis für zukunftsfähigen Verkehr darstellt.

Das alles im Detail politisch zu entscheiden und umzusetzen, ist kein Kinderspiel. Sicher ist, wie wir alle diese Ziele gemeinsam gründlich vergeigen können: Indem wir uns weiterhin den besagten Kulturkampf um die Straße liefern und uns nicht gegen die Inszenierung dieses Kulturkampfes wehren.

Jede und jeder kann ohne Aufwand sofort aus dem Ring steigen und sich dem Spiel entziehen. Es braucht nicht mehr dazu, als die Polemik und den Populismus zu erkennen und sich dem zu verweigern. Dem laut kreischenden „Wir gegen die anderen!" keine Aufmerksamkeit mehr zu schenken. Als Autofahrer im Fahrradfahrer keinen Feind mehr zu sehen und umgekehrt.

Es wird allgemein viel von der vermeintlichen Spaltung der Gesellschaft gesprochen und daher mehr Zusammenhalt beschworen. In DIE ZEIT, 24. August 2023, schreibt Jan-Werner Müller: *„Der Zusammenhaltskitsch kleistert legitime Interessensgegensätze zu und suggeriert, man habe schon etwas getan, wenn man sich um Zusammenhalt sorgt."*

Das sehen wir auch so. Der städtische Streit um Parkplätze wird sich mit keiner wie auch immer gearteten Rhetorik „wegkuscheln" lassen. Und dieser Streit ist auch legitim – von beiden Seiten aus. Das scheint uns der entscheidende Punkt. Noch einmal der oben genannte Journalist: *„Demokratie ist keine Konsensveranstaltung, sondern eine moralisch anspruchsvolle Methode zur friedlichen Konfliktbewältigung, bei der sich freie und gleiche Bürger am Ende bereit finden, die Legitimität von Mehrheitsentscheidungen anzuerkennen. Der inflationäre Demokratiekrisendiskurs übersieht, dass eine Demokratie erst dann in der Krise, also einer Todesgefahr ausgesetzt ist, wenn die Kontrahenten sich in keiner Weise mehr als Konfliktpartner verstehen, sondern als Feinde – und dann zu Gewalt greifen."*

Wenn wir in diesem Buch ein Miteinander betonen, dann schließt das einen Streit miteinander absolut ein. Es geht uns darum, wie dieser Streit geführt wird. Weder hilft es, ihn mit Kuschel-Rhetorik und „Partizipationsangeboten" zu übertünchen, noch dem jeweiligen Gegenüber die Legitimität abzusprechen oder eben die Kulturkampfkeule zu schwingen.

Kommen wir noch einmal zurück auf die Münchner Kolumbusstraße, die wir am Anfang des Buches erwähnt haben. Hier stehen sich sehr konkret Anwohner mit Auto, also Parkplatzbedarf, und Anwohner ohne Auto, aber mit Kindern, gegenüber. Parkplätze oder Sandkästen, lautet die Frage. Ein solcher Streit wird sich auch mit maximaler Empathie auf beiden Seiten oder mit bester Bürgerbeteiligung schwer lösen lassen. Die einen wollen ihre Autos parken, die anderen wollen Hochbeete und Kinderspielplätze.

Es gibt viele Schauplätze in unseren Städten mit denselben Konflikten. Der Streit wird immer wieder aufflammen, aber parallel dazu verläuft klammheimlich eine andere Entwicklung. Der Pkw-Verkehr schrumpft, Alternativen zum eigenen Pkw werden immer zahlreicher und verlockender. Es handelt sich hier um einen schleichenden, aber kontinuierlichen Prozess, eine Abstimmung der Bürger mit den Füßen – mit Menschen, die pragmatische Entscheidungen treffen, neue Wahlmöglichkeiten wahrnehmen, Gewohnheiten ändern. Langfristig werden solche Kolumbusstraßen-Konflikte entschärft, da immer weniger Anwohner ihr Gewohnheitsrecht auf den Parkplatz vor der Haustür mangels eigenem Auto beanspruchen wollen.

Und damit zurück zur großen Bühne: Im Prinzip verhält es sich im Verkehrssektor nicht anders als im politisch-medialen Betrieb auch. Europa-, wenn nicht weltweit, befinden sich extremistische und populistische Parteien und Bewegungen im Aufwind. Social Media, Manipulation und Propaganda kippen täglich Öl ins Feuer. Alle zusammen wollen uns glauben machen, dass es simple Lösungen für komplizierte Probleme gäbe und dass unsere Gesellschaft zutiefst gespalten wäre – die Gräben unüberwindbar. Wir wissen, Sie wissen, dass das Unsinn ist. Allerdings hochgradig gefährlicher Unsinn. Der Verkehr ist da noch ein harmloses Beispiel, denn hier sollte es besonders leicht sein, miteinander besser voranzukommen als gegeneinander.

Man darf dabei nur nicht unterschätzen, dass es sich beim Verkehr nicht nur um einen infrastrukturellen, sondern gleichermaßen um einen kulturellen Umbruch handelt. Solche Veränderungen waren nie ohne Ärger zu haben. Der Wut der einen, die ihre Privilegien oder Gewohnheitsrechte bedroht sehen, steht die Wut der anderen gegenüber, die das störrische Festhalten am Status quo nicht ertragen. In einer solchen Epoche des Umbruchs würden wir uns allen etwas mehr Nachsicht gegenüber der jeweils anderen Seite wünschen. Und etwas mehr Verständnis statt Sturheit. Den Blick auf uns als „Verkehrswesen" richten, die gut miteinander auskommen (wollen).

Ein Berliner CDU-Politiker schrieb vor geraumer Zeit beim ehemaligen Twitter: „Schau dich doch mal um, ja. Wo bitte ist Berlin denn autogerecht?" Für Fahrradfahrer oder Fußgänger muss das absurd klingen. Wir haben unsere Städte doch seit Jahrzehnten voll fürs Auto optimiert. Aber wenn sich nicht einmal für die Autofahrer selbst diese Auto-optimierte Stadt als autogerecht anfühlt, sollten wir nicht spätestens dann wirklich Verbesserungen ins Auge fassen?

Also, worauf könnten wir uns alle – wirklich alle – einigen?

Um wegfallende Parkplätze wird's weiterhin Streit geben, das steht fest. Aber wie wir weiter oben gezeigt haben, können wir die verschiedenen Verkehrsmittel in den Städten wie auf dem Land so viel attraktiver machen, dass wir den Autoverkehr von der Straße holen, der dort gar nicht sein will. Davon profitieren wir alle, inklusive der verbleibenden Autofahrer.

Können wir uns darauf einigen?

Sind Sie dabei?

Wir würden uns sehr freuen, wenn Wendy und Rolf das Kriegsbeil begraben und zusammen in einer der vielen Kolumbusstraßen Deutschlands die Friedenspfeife rauchen.

Dank

Sehr geholfen haben uns unsere Testleser mit ihren Anmerkungen und Korrekturen.

Wir bedanken uns herzlich bei:

Tim Lehmann, Stefan Weigele, Franziska und Philip Willbrandt, Julian Kronewitter und zahlreiche Freundinnen und Freunde aus dem Verkehrssektor, die hier nicht genannt werden wollen.

Auch sehr hilfreich war die finanzielle Unterstützung für unser Vorhaben während der Crowdfunding-Phase von wohlwollenden Zeitgenossen aus den Verkehrs- und Mobilitätsnetzwerken. Wir bedanken uns u.a. bei Karsten Friedrich und Stefan Pillasch von der Firma Complevo in Berlin, deren Räumlichkeiten wir für unseren wöchentlichen Jour fix verwenden durften. Bei Karl-Heinz Remmers, der das Hörbuch möglich machte. Bei Ecosia für die finanzielle Unterstützung während der Crowdfunding-Phase. Beim Zweirad-Industrie-Verband und ihrem Geschäftsführer Burkhard Stork für eine größere Spende.

Befruchtet hat unser Buch auch die teilweise virulente Diskussion um die Wörter „ohne Autohass" in den sozialen Medien und im persönlichen Gespräch. Wir bedanken uns bei all diesen Menschen, denn eure Emotionen haben uns noch mehr über die Wendys und Rolfs lernen lassen, die da draußen tagtäglich im Kulturkampf um die Straßen feststecken.

> Ein erfrischender Beitrag zur aktuellen Mobilitätsdebatte, der hoffentlich hilft, unnötige Gräben in der Debatte zu überwinden und weitere Wege auszuprobieren – von allen Seiten!
> Prof. Dr. Uwe Schneidewind, Bürgermeister von Wuppertal

> Es geht nicht ums Gegeneinander, sondern ums Miteinander. Das schließt durchaus ein, dass man miteinander streitet. Entscheidend ist aber, dass man das konstruktiv und verständnisvoll tut. Denn wir müssen uns der Tatsache stellen, dass Veränderungen erforderlich sind. Dabei hilft mehr Empathie und das Lesen dieses Verkehrsbuches.
> Katrin Sießl, geschäftsführender Vorstand, Automobil- und Verkehrssicherheitsclub BAVC Bruderhilfe e.V.

> Gesetze fallen nicht vom Himmel, sondern werden durch politische Lobbyarbeit erwirkt. Das Auto wurde so erfolgreich, weil die frühen Automobilisten viel für mehr Platz und ihre Regeln geworben haben. Über Haltung, Hartnäckigkeit und gute Sprache zu lernen, hilft uns, Konflikte weder wegzukuscheln noch sich mit lauten Forderungen zwar cool zu fühlen, aber dennoch mit leeren Händen nach Hause zu gehen.
> Prof. Dr. Andreas Knie, Mobilitätsforscher, Wissenschaftszentrum Berlin für Sozialforschung

> Es gibt in den Städten kaum etwas, das die Leute so aufregt, wie andere Verkehrsteilnehmer. Radfahrer bolzen über Gehwege, Fußgänger latschen über Radwege, Autofahrer nieten Radfahrer um und Radfahrer preschen bei Rot über die Ampel. Idioten wo man hinschaut. Oder? Wenn dieses Buch einen Ausweg aus dem Kulturkampf auf den Straßen kennt, lohnt sich die Lektüre in jedem Fall.
> Boris Palmer, Oberbürgermeister der Universitätsstadt Tübingen

Statt Kampf gegen die Klimakrise bringt das Jahr 2023 bisher vor allem eins: Kampf um Kultur. Jede Fahrradstraße wird zum Angriff auf die Republik, jeder Meter Autobahn zur Festung bürgerlicher Freiheitsfundamente.

Luisa Neubauer, Klimaaktivistin, Geografin und Autorin

Der Straßenraum ist für alle da, aber wenn alle gegeneinander kämpfen, kann es nur Verlierer geben. Das Buch beschreibt mit Augenmaß und Verständnis für Fußgänger und Autofahrer, wie man mit gegenseitigem Verständnis den Straßenraum gemeinsam nutzen kann.

Karl-Peter Naumann, Ehrenvorsitzender des Fahrgastverband Pro Bahn e.V.

Mobilität ist ein Grundbedürfnis. Um die Mobilitätsswende voranzutreiben, müssen wir daher konsequent vom Kunden aus denken – und das geht nur mit integrierten Konzepten. Wir brauchen Tür-zu-Tür-Angebote für unsere Kunden. Das gelingt nur, wenn wir Bahnen, Busse oder On-Demand-Verkehre eng miteinander verknüpfen.

Dr. Jan Schilling, Vorstand Marketing, DB Regio AG

Ich kann natürlich weiter die alten Demonstrationsformen nehmen, den Ärger in Kauf nehmen, und mich über Aufmerksamkeit freuen. Lieber wäre mir, auf Menschen zuzugehen, ihnen erklären, was nötig ist, sie überzeugen und mitnehmen, wenn wir wollen, dass Menschen ihr Verhalten verändern.

Ruprecht Polenz, ehemaliger Generalsekretär der CDU und Bundestagsabgeordneter, 2020 mit dem Goldener Blogger, der „wichtigsten Auszeichnung der deutschen Influenzer-Szene", ausgezeichnet

Machen Sie jetzt Ihren Kulturkampf-Führerschein!

Nachdem Sie unser Buch gelesen haben, müssten Sie den Kulturkampf-Führerschein locker bestehen. Je mehr Leute diesen Führerschein machen, desto weniger Gekeife und Gepolter auf den Straßen. Los geht's!

1. Ein populistischer Politiker haut einen raus. Wie reagieren Sie?
a) Die Unfallstelle weiträumig umfahren.
b) Den Politiker umfahren, äh, drumherum natürlich.
c) Dem Politiker eine E-Mail / einen Brief schreiben mit der Bitte, sich vernünftiger und glaubwürdiger zu äußern.

2. Wer nimmt den Autos in der Stadt die meisten Parkplätze weg?
a) Fahrräder
b) Autos
c) Bäume

3. Sie sind im Verkehr unterwegs.
Jemand beschimpft Sie als „Idiot". Was tun Sie?
a) Ich habe immer ein paar Exemplare von „Die Verkehrswesen" dabei und schenke ihm eines.
b) Ich habe immer ein Exemplar von „Die Verkehrswesen" dabei und zwiebel ihm damit voll eins auf die Birne.
c) Höflich nachfragen, warum es gleich beleidigend werden muss.

4. Jemand fordert die Verkehrswende. Was tun Sie?
a) Ich frage nach, was damit genau gemeint ist.
b) Ich verschicke Morddrohungen.
c) Ich verweise auf Seite 94 ff. im Buch „Die Verkehrswesen".

5. Die Bahn ist ...?
a) Manchmal und zu oft desolat
b) Erstaunlich leistungsfähig
c) beides

6. Welche Gesundheitsschädigung für die Mitmenschen halten die meisten für akzeptabel?
a) Zigarrettenrauch
b) Auto-Abgase

7. In einer TV-Talk-Show zum Thema Verkehr nimmt Ihnen eine lautstarke „Verbotskultur!" die Vorfahrt. Was tun Sie?

a) Ich habe Recht und lasse es auf den verbalen Crash ankommen.
b) Ich bremse auch für Verbote und verkneife mir einen Ideologie-Vorwurf.
c) Ich weise freundlich darauf hin, dass wir mit reißerischen Schlagworten nicht weiterkommen, und bitte darum, dass wir uns sachlich und verständnisvoll darüber unterhalten.

Ergebnisse

Weniger als 10 Punkte: Tut uns leid, durchgefallen. Gehe zurück aufs Sofa. Begib dich direkt dorthin. Gehe nicht über den Kühlschrank. Fang nochmal von vorne an.

10 bis 15 Punkte: Glückwunsch! Sie haben den Kulturkampf-Führerschein bestanden, Sie dürfen raus in den Verkehr und an jeden Stammtisch. Ein vertiefendes Training kann dennoch nicht schaden. Machen Sie unseren ausführlichen Test auf der Website.

Mehr als 15 Punkte: Mit Bestnote bestanden – herzlichen Glückwunsch, Sie haben jetzt den schwarzen Gürtel im Miteinander! Sie können in jeder reißerischen TV-Talk-Show den Kulturkampf unfallfrei ausbremsen.

Wenn Ihnen der Test gefallen hat, finden Sie auf unserer Website den ausführlichen Test mit noch mehr Fragen.

Können Ihre Freunde Kulturkampf? Schicken Sie ihnen den Online-Test!

Wissen Sie, wie fit Ihre Freundinnen und Bekannten, Kolleginnen und Verwandten darin sind, den Kulturkampf zu beenden? Schicken Sie ihnen doch einfach diesen Link, damit sie auch den Kulturkampf-Führerschein machen! Fragen Sie beim nächsten Geburtstag, Treffen oder Telefonat so nebenbei mal nach deren Punktzahl.

kulturkampffuehrerschein.die-verkehrswesen.de

Auswertung

3. a) 10 b) 1- c) 1
2. a) 0 b) 2 c) 1
1. a) 1 b) 0 c) 2

7. a) 0 b) 1 c) 2
5. a) 0 b) 1 c) 2
4. a) 2 b) 0 c) 1

6. a) 0 b) 2 c) 1

Autoren und Team

Heinrich Strößenreuther (55) ist in einem kleinen friesischen Dorf aufgewachsen. Er ist laut taz *„Deutschlands erfolgreichster Verkehrslobbyist"* und in der ZEIT *„der Verkehrsrebell im schwarzen Anzug"* und *„Shitstorm-erprobter Straßenaktivist"* aber auch genauso versierter Bus- und Bahn-Manager, Speaker sowie mehrfacher NGO-Gründer u.a. von Changing Cities, GermanZero und KlimaUnion – früher mit Grünen-, heute mit CDU-Parteibuch. Er war maßgeblich gebteiligt am Berliner Mobiltätsgesetz, den 50 Radentscheiden und 20.000 Bike+Ride-Stellplätzen. Sein erstes Auto war eine himmelblaue Ente mit rotem Dach, sein letztes geklautes Rad war ebenfalls himmelblau. Jetzt fährt er ein silbernes Rad, aber auch mal Bus & Bahn oder nutzt zig Sharing-Angebote.

Michael Bukowski (55) Hauptautor dieses Buchs kommt aus und lebt in Berlin. Ansonsten schreibt er als freier Texter/Autor/Ghostwriter mit Spezialisierung auf gesellschaftliche Großkonflikte. Außerdem ist er seit 2018 Mitglied im Ensemble vollehalle.de und als Speaker unterwegs. Er lebt, dank bester Verkehrsanbindung, in einem Berliner Innenstadtkiez ohne Auto. Sein erster eigener Wagen war ein grüner VW Käfer – mit 44 PS!

Justus Hagel (23) ist im Berliner Speckgürtel in Brandenburg aufgewachsen. Er ist angehender Jurist, Vorsitzender des Landesverband Berlin der KlimaUnion und trat 2016 schon in jungen Jahren in die CDU ein. Justus ist autosozialisiert aufgewachsen und kann immer auf ein Auto zurückgreifen. Mit dem Umzug in die Berliner Innenstadt wurde er mitten in den täglichen Kulturkampf um die Straßen gebeamt.

Projektmanagement: Christian Krüger
Creativ Direction: Martin Jendrusch, Marc Schultes
Illustration: Eva Künzel, Max Poertgen, Martin Jendrusch, Marc Schultes
Satz & Layout: Marc Schultes

www.tremoniamedia.de

Papier
Das für den Umschlag und den Inhalt verwendete
Recycling-Papier ist FSC®-zertifiziert.

Auflage
Erstausgabe Nov. 2023
ISBN: 978-3-00-077274-0

Quellenverzeichnis

Dieses Buch soll so kompakt wie möglich daherkommen, daher haben wir unser Quellenverzeichnis ausgelagert.

Unter **www.die-verkehrswesen.de** finden Sie eine Übersicht mit allen Quellen zu den wichtigsten Fakten, die wir in diesem Buch anführen.